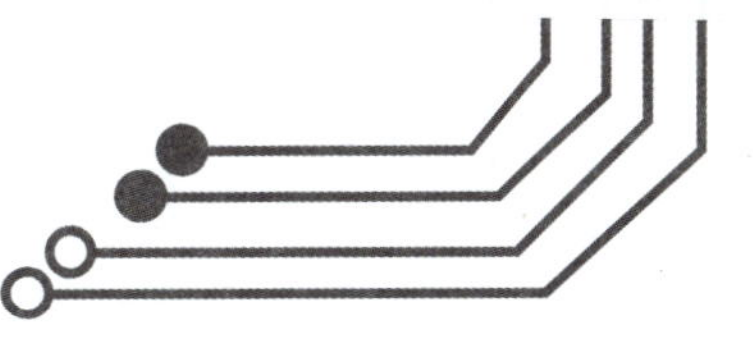

李杰群◎主编

创业创新培训教材

"互联网 +"创业模拟实训系列教程

绘制你的创业画布

——实训学员手册

中国劳动社会保障出版社

图书在版编目（CIP）数据

绘制你的创业画布：实训学员手册 / 李杰群主编. -- 北京：中国劳动社会保障出版社，2018

创业创新培训教材

ISBN 978-7-5167-3753-8

Ⅰ. ①绘… Ⅱ. ①李… Ⅲ. ①创业 - 技术培训 - 教材 Ⅳ. ① F241.4

中国版本图书馆 CIP 数据核字 (2018) 第 278468 号

中国劳动社会保障出版社出版发行

（北京市惠新东街 1 号　邮政编码：100029）

*

北京市白帆印务有限公司印刷装订　新华书店经销

880 毫米 ×1230 毫米　16 开本　9.5 印张　153 千字

2018 年 12 月第 1 版　2022 年 1 月第 6 次印刷

定价：42.00 元

读者服务部电话：（010）64929211/84209101/64921644

营销中心电话：（010）64962347

出版社网址：http://www.class.com.cn

版权专有　侵权必究

如有印装差错，请与本社联系调换：（010）81211666

我社将与版权执法机关配合，大力打击盗印、销售和使用盗版图书活动，敬请广大读者协助举报，经查实将给予举报者奖励。

举报电话：（010）64954652

阿米巴
“互联网+”创业模拟实训系列教程
编写委员会

（依拼音排序）

主　　编：李杰群

编写人员：陈红艳　陈志勇　邓奔戈　何佳振　黄　磊　马斌张智

杨存库

审校人员：凌　军　叶仁平　郑晓瑾　张宁芳

指导单位：湖南省人力资源和社会保障厅

组织编写：湖南云孵创园创业服务有限公司

前言

随着新商业的飞速发展，互联网已经从一种简单的工具发展为一种能源，从提供方法、提高效率、实现信息传播，到建立平台、打造生态，最终实现国际互联，促进人类文明向开放、共享、分享、融合的时代迈进。

2018年政府工作报告中明确指出：做大做强新兴产业集群，实施大数据发展行动，加强新一代人工智能研发应用，在医疗、养老、教育、文化、体育等多领域推进“互联网+”。发展智能产业，拓展智能生活。运用新技术、新业态、新模式，大力改造提升传统产业……

为帮助更多的创业者建立互联网思维，适应新的创业环境，了解新的创业模式，全面接轨移动互联时代，在湖南省人力资源和社会保障厅的大力支持下，湖南云孵创园创业服务有限公司邀请众多专家、学者组建“阿米巴‘互联网+’创业模拟实训项目开发小组”，由人力资源社会保障部“创办和改善你的企业”（Start and Improve Your Business，SIYB）项目培训师、创业实训专家李杰群女士主持编写了这套“‘互联网+’创业模拟实训系列教程”，其中包含《绘制你的创业画布——实训学员手册》和《实训机构与讲师手册》两种。

“阿米巴‘互联网+’创业模拟实训”项目秉承“阿米巴公司化运营”的核心理念，追求在实践中学习、在学习中实践，实训过程中将班级学员划分成若干独立核算的阿米巴，通过各巴之间独立核算及积分管理调动学员学习热情，激发学员依靠集体的智慧与努力来完成课堂及课后实训任务，让每位学员都能成为培训课堂的主角。

将阿米巴管理技术嵌入课堂管理后，创业模拟实训不再是创业知识的静态传播，而是对企业经营过程中各关键业务环节进行情境动态呈现。实训过程中，6～8名学员组成一个阿米巴，分别担任总经理、市场经理、销售经理、生产经理、财务经理、人事经理。各阿米巴从创业准备、创业设计、企业运营、企业管控、股权融资和创业计划六个方面进行学习和训练，在训练过程中，学员能够切身体会到真实的商业氛围，并能现场将所学知识转化为商业行为。

"阿米巴'互联网＋'创业模拟实训"项目采用翻转式课堂，全程采用"阿米巴积分经营管理模式"，谨遵"以训练创业能力为导向"，提倡"以学员为主角""以效果为落点"。创业模拟实训课堂既贯穿着创办和经营企业的基本原理，又模拟了企业经营管理过程中的真实情境，学员在实训课堂能亲身体验真实创业的全过程。学员在轻松快乐的氛围中通过学习和实践，掌握丰富的"互联网＋"创业和经营管理知识，同时学会准确地进行自我诊断和自我调整。"阿米巴'互联网＋'创业模拟实训"有利于培养学员创办企业的心理素质，提高学员的管理能力和经营能力，有效地帮助学员降低创业风险，最终达到提高创业者创业成功率和职场竞争能力的终极训练目的。

在此，感谢李杰群女士及开发小组的全体专家！感谢湖南省人力资源和社会保障厅的大力支持！感谢为此教程编写与校正工作付出辛勤劳动的人员！

"互联网＋"创业模拟实训系列教程

编写委员会

2018年8月

CONTENTS

目录

第 1 单元　创业准备

第 2 单元　创业设计

CONTENTS

第 3 单元 企业运营

CONTENTS

第 4 单元　企业管控

第 5 单元　股权融资

第 6 单元 创业计划

第1单元 创业准备

创业是一件非常考较心智与心力的事情，虽然说人人可以创业，但这并不意味着人人适合创业。有创业意愿的人至少要在两个方面做好充足的准备：一是养成创业思维，也就是说在接受系统的创业教育或培训之后，能够较全面地认知自己的创业项目、创业能力、拥有的资源以及可能存在的风险等，通过综合、理性的评估，大胆的预测及坚定的行动来实现内心对成功的渴望；二是训练创业技能，包括可传递技能（实操技术等，可通过学习专业训练课程获得）和不可传递技能（天赋、直觉、实战经验等，需要在实践中积累和总结）。

总之，创业，切不可凭借一腔热血急于开始，一定要做好准备，谋而后动，金钱、时间都是经不起消耗与折腾的。

主题 1

“互联网+”创业创新认知

1.1 创业创新认知

1.1.1 创业

创业是创业者对自己拥有的资源或能通过努力拥有的资源进行优化整合，从而创造出更大经济或社会价值的过程。

创业是一种劳动方式，是一种需要创业者对运营、组织、运用服务、技术、器物做出思考、推理和判断的行为。

哈佛大学教授霍华德·史蒂文森（Howard Stevenson）认为，创业是不拘泥于当前资源条件的限制下对机会的追寻，组合不同的资源以利用和开发机会并创造价值的过程。

美国著名学者杰夫里·蒂蒙斯(Jeffry A.Timmons)所著的创业教育领域的经典教科书《创业创造》中指出，创业是一种思考、推理结合运气的行为方式，它为运气带来的机会所驱动，需要在方法上全盘考虑并拥有和谐的领导能力。

1.1.2 创新

1912 年，“创新理论”鼻祖、奥地利政治经济学家、哈佛大学教授约瑟夫·熊彼特（Joseph Alois Schumpeter）在其所著《经济发展理论》一书中首次提出“创新理论”。他指出，创新是指把一种新的生产要素和生产条件的“新结合”引入生产体系，它包括 5 种情况，即引入一种新产品、引入一种新的生产方法、开辟一个新的市场、获得原材料或半成品新的供应来源、新的组织形式和管理模式。熊彼特提出的创新概念包含的范围很广，涉及技术性变化创新及非技术性变化的组织创新。

企业全方位创新，通常包括企业软系统的创新、硬系统的创新、通用管理职能的创新和业务职能的创新。

（1）企业软系统的创新

企业软系统创新包括战略创新、模式创新、流程创新、标准创新、观念创新、风气创新、结构创新和制度创新等。

（2）企业硬系统的创新

企业硬系统创新，即人、财、物、技术、信息及其相关体系和管理的创新，如职责体系、权力体系、绩效评估体系、利益报酬体系、沟通体系的创新等。

（3）通用管理职能的创新

通用管理职能的创新包括目标、计划、实行、检查、控制、调整六个基本的过程管理职能的创新和人力、组织、领导三个基本的对人管理职能的创新。

（4）业务职能的创新

业务职能的创新主要指技术、设计、生产、采购、物流、营销、销售、人力、财务等专业业务职能的创新。

科技创新由于科技的普遍适用性、连续进步的显著性和发展的长期累积性，贯穿上面四个方面，是推动社会创新进步的根本性驱动力。

21 世纪，在互联网信息技术推动下，要完善科技创新体系，急需构建以用户为中心、以需求为驱动、以创新实践为舞台的共同创新、开放创新的新环境，实现技术进步与应用创新的并驾齐驱，通过双螺旋结构的呼应与良性互动形成有利于创新涌现的创新生态，打造以需求为导向、以人为本的互联网背景下的新创新模式。

1.1.3 创新创业

创新创业是基于创新的创业活动，这里的创新可以是技术创新、产品创新、品牌创新、商业模式创新、市场创新、渠道创新、服务创新、管理创新、组织创新等方面的某一方面或某几方面。创新强调的是开拓性与原创性，创业强调的是通过实际行动获取利益的行为。因此，在创新创业这一概念中，创新是创业的基础和前提，创业是创新的体现和延伸，创新是创新创业的特质，创业是创新创业的目标。

哈佛大学教授约瑟夫·熊彼特认为，创业的过程就是不断创新的过程，创业即创新。

现代管理学之父彼得·德鲁克（Peter F. Drucker）认为，创业就是开创新的事业，它必须是能够创造一种新的满足或改变旧的组织模式等，而不能仅仅是重复以前老套的生产经营模式，其本质是在组织中建立新的生产函数。

1.2 “互联网 +”认知

1.2.1 “互联网 +”的含义

2015 年，国务院总理李克强在政府工作报告中首次提出，要制订“互联网 +”行动计划，推动移动互联网、云计算、大数据、物联网等与现代制造业结合，促进电子商务、工业互联网和互联网金融健康发展，引导互联网企业拓展国际市场。

那么，“互联网 +”究竟是一幅怎样的图景呢?

“互联网 +”是一种新的经济发展形态，是将互联网的创新成果深度融合于社会各行各业，充分发挥网络的优化与集成效用，提升各种业态的创造力与生产力，从而形成以互联网为基础支持、信息管道、结算通道的经济发展新形态。图 1—1 展示了“互联网 +”的关键要素。

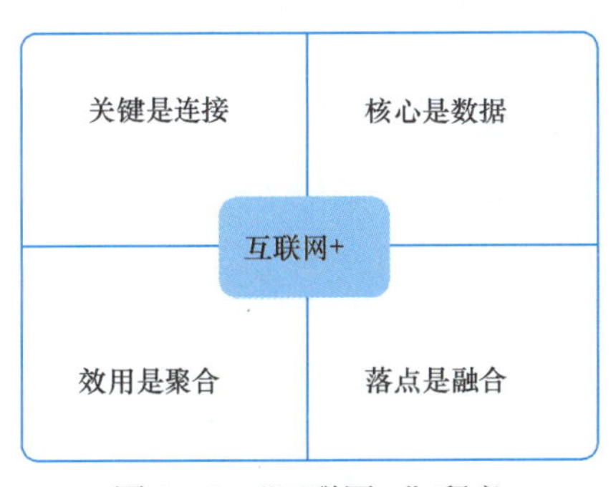

图 1—1 “互联网 +”释义

（1）“互联网 +”的关键是连接

“互联网 +”通过连接人力、财力、商品、客户、供应商、政府等信息并进行综合信息处理从而高效运转，同时留存了大量数据，为各行各业的运营和决策提供了庞大的数据支撑。

（2）“互联网 +”的核心是数据

“互联网 +”的实现经历了两个阶段，开始时只是“+ 互联网”，即利用互联网进行各项业务流程的升级与优化，这时的互联网只是一种工具。后来，随着数据的汇集，逐步发展到利用互联网技术、方法去创新、改造各种业务流程，这时的互联网已不再是简单的工具，而是建立在数据基础上的一种思维、一种模式，紧紧地与各业务环节及各种社会活动和经济活动融合在一起。

（3）“互联网 +”的效用是聚合

“滴水成河”，这就是互联网的巨大效用，它打破了过去的地域瓶颈，聚合形成了巨大的流量。

（4）“互联网 +”的落点是融合

不管网络发展到什么时候，都离不开人的真实行为，这也就意味着线上行为与线下行为最终一定会有一个结合点，而线上与线下相融合的 O2O（Online to Offline，线上到线下）模式一定是“互联网 +”的最后落点。

面对经济新常态，互联网已成为重要的驱动力，成为“大众创业 万众创新”的最强风口。创业者需要扎扎实实地做好产品与服务，顺势而为，成为“互联网 +”创业浪潮的弄潮儿。

1.2.2 互联网思维

互联网思维是指在互联网及移动互联网、大数据、云计算等技术不断发展及应用的环境下，对市场、产品、营销活动、用户、企业战略、企业价值链，甚至整个商业生态进行重新审视的思考方式与思维模式。

综合已有操作及技术发展趋势，可将互联网思维归结为用户、产品、规划、营销四个大类，如图 1—2 所示。

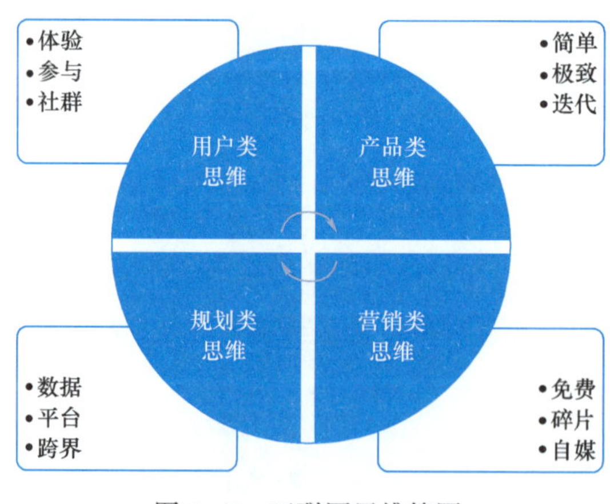

图 1—2 互联网思维简图

（1）产品类思维

产品类思维包括了简约思维之专注与简单、产品思维之极致与焦点、迭代思维之试错与迅速。其典型代表有雷军所领导的“小米”初期的发展模式。

（2）营销类思维

营销类思维包括了流量思维之数量产生质量与免费、碎片化思维之时间空间与即时性、媒体思维之社会化媒体与自媒体。其典型代表有以媒体起家的“逻辑思维”的商业实践。

（3）用户类思维

用户类思维包括了用户思维之参与感与体验感、社群思维之粉丝化与社群化。其典型代表有“一起乐游”“黑马营”等项目实践。

（4）规划类思维

规划类思维包括了数据思维之大数据与小数据、平台思维之面式平台与链式平台、跨界思维之娱乐与服务。“阿里巴巴”的发展轨迹就体现了典型的规划类思维。

1.2.3 “互联网+”新业态

（1）线上——电商

电商，简单理解，就是在网上做生意。电商本意为电子商务，是一种依赖于网络的商业运营模式，是传统商业活动各环节（采购、制造、营销、体验、支付、交付、服务、办公）的电子化、网络化。

最基本的电子商务包含了产品、电子商城（或展示页面）、客户、物流四个基本元素。

电子商务可以从以下几个角度分别进行分类：

第一种，从结构关系上分，有 B2B（Business to Business，商家对商家）、B2C（Business to Customer，商家对个人）、C2C（Customer to Customer，个人对个人）、C2B（Customer to Business，个人对商家或定制）、ABC（Agent、Business、Consumer，供应商、商家、消费者互为转化）、B2G（Business to Government，商家对政府）、B2M（Business to Manager，商家对管理者）、B2T（Business to Team，商家对团体单位）等多种，而且随着社会发展还会出现更多种结构形式。

第二种，从业务操作方式上分，有 O2O、O2P（Online to Place，线上与本地实体相结合）等。新零售就是从 O2P 基础上的发展与延伸。

第三种，从产品类别上分，有综合电商平台和垂直电商平台多种。淘宝、天猫、京东等为综合电商平台，其所经营商品涉及多个行业多个门类；苏宁、聚美优品等经营初期为垂直电商平台，其所经营产品均聚集于某个行业或某种具体的产品分类。

第四种，从目标市场的不同来分，则有农村电商、旅游电商、教育电商、生活服务电商、物流电商等诸多类别，涉及各行各业。其中，农村电商、教育电商在 2017 年政府工作报告中曾被重点提出。

（2）线下——O2O 新零售

O2O 新零售是指企业以互联网为依托，通过运用大数据、人工智能等先进技术手段，对线下零售场景中的营销、体验、支付、交付、服务等环节进行新设或改造，并对线上服务、线下体验以及现代物流进行深度数据融合进而重塑业态结构与生态圈的零售新模式。

O2O 新零售的核心要义在于推动线上与线下的一体化进程，完成电商平台和实体零售店面在商业流程上的优化整合。其关键之处在于客户购物过程中的营销推荐化、地点随机化、体验智能化、支付网络化、交付即时化、服务数据化，极大地提升了客户的购物体验。

【场景 1】王先生经常通过电话从新越酒店订餐，现在他在 ×× 街口，正拿起电话准备订一份商务套餐，电话接通后，就听到话务员小姐甜美的声音："欢迎来电，王先生，您今天继续订 A 餐还是尝试一下 B 餐呢？要不要配一杯您喜欢的柠檬水？是送到您所在位置还是您自己来取？如果送过去大约需要 12 分钟！"

场景解析：该场景中，王先生是新越酒店的老客户。

1. 话务员通过客户信息库号码智能识别就可以知道是王先生打进的订餐电话。

2. 根据王先生以往的消费习惯数据留存，话务员可以知道王先生喜欢 A 餐 + 柠檬水。

3. 根据 GPS 定位系统，话务员知道王先生目前所处位置。

4. 根据实时交通状况可判断送餐所需时间。

在整个购买过程中，充分体现了服务数据化运用。其中，第二点体现了营销推荐化，第三点体现了地点随机化，第四点体现了交付即时化。

【场景 2】一天，黄小姐正在逛街，走到中关村大街时，收到了多条提示信息，这是附近曾去过的商家在接收到黄小姐来到附近的提示后自动发出的欢迎提示。黄小姐刚迈进一家服饰店，手机上就呈现出了店内三维地图，地图中清楚标示出了各展区及各商品，随着黄小姐的走动，手机页面上自动弹出各式既符合黄小组喜好又符合其身材的新进货品，同时页面中还模拟展示出黄小姐试穿此件衣服后的效果。最后黄小姐挑了几件可心的衣服离开，走到出口处又收到店家系统自动结算的支付信息，扫码支付后黄小姐从储物柜取走了已经包装好的衣服。

场景解析：在该场景中，黄小姐是这家服装店的老客户。

1. 客户在某位置范围内被识别到并收到提示，这点充分体现了营销推荐化。

2. 自动结算充分体现了近场支付网络化、智能化。

3. 黄小姐的身材数据在进门通道内已经被三维扫描收集，根据黄小姐在门店中所处位置推荐符合她的商品，充分体现了营销推荐化、服务数据化。

4. 页面展示黄小姐试穿衣服的效果充分体现了体验智能化。

5. 离场后扫码取走所购物品充分体现了交付即时化与智能化。

随着网络技术、智能化手段的不断发展及应用，这样的新零售场景在不久的将来会随处可见。

（3）跨界与融合

跨界与融合，即跨行业、跨领域的思考、竞争与合作。建立在网络技术发展前提下的跨界与融合使得学科边界、行业边界变得越来越模糊，人们的沟通更加平等、通畅，从而重构人们的行为模式与价值观念。

这样的案例在我们身边比比皆是，比如余额宝与银行的竞争、打车软件公司与出租车行业的竞争、微信与通信的竞争等，再如共享单车行业挤垮了修车行业，咖啡店做成了创业服务机构，二房东做成了“互联网 + 宾馆”等。

（4）共享与共赢

共享，实际上是一个优质资源再分配、利益尽可能最大化的过程。随着网络的兴起与发展，信息变得越来越对称，许多优质资源通过拥有人的开放共享取得了更大的利益回报，获得共享资源的人也因此有了更大的提升，产生了共赢的局面。共享必共赢。

随着共享的不断进行，社会优质资源的共享分配也将越来越充分。

（5）连接与开放

互联网的本质就是连接一切，形成一张无所不在的网络。人与人通过互联网的连接形成社交网络，如微信、陌陌等；人与信息通过互联网的连接形成信息的传递，如搜索、广告等；信息与信息通过互联网的连接形成物物相联，如工业 4.0、中国制造 2025 等。这三种情况都蕴含了大量的创业机会。

互联网本身具有开放性，可以突破时间、空间的限制，把一个封闭个体连接互动，建成一个个去中心化的开放生态链或生态平台，从而形成集群效应，最终实现流量的积累、数据的积累、新业务的生发、盈利来源的多样化。如智能客厅，原本客厅多用于会客、看电视节目等，在互联网技术的支撑下产生了网络电视，不仅承载了电视节目，还能够进行网络点播、作业辅导、视听互动、游戏互动等，甚至可以脱离遥控器进行远程操作；在智能技术的支撑下还可以进行体感游戏、体感健身、立体投射等，更进一步地，还可以进行家用电器间的物联，起到控制中心的作用。这充分体现了互联网的开放性。

1.3 创业测评

创业者在创业前应该客观地对自己进行测评，也可以让家人或者朋友对自己的创业素质进行客观评价，结合自评和他评，创业者能更了解自己，以便做出更正确的创业决定。

一般情况下，创业测评主要从兴趣爱好、创业能力、创业经验、创业资源、创业资金、创业动机六个方面进行。

（1）兴趣爱好

“兴趣是最好的老师！”

创业者在选择创业项目之前，一定要考虑自己的兴趣爱好。做自己喜欢的事会让创业者在创业的过程中产生更大的动力，会激发创业者更强的行动力。基于兴趣，创业者在遭遇问题和困难时，也更乐于被挑战、被考验。兴趣能带给创业者更多的幸福感和价值感。

（2）创业能力

创业能力包括专业技能、管理技能及其他个人能力。专业技能指专业特长，管理技能指创办、经营、管理企业所必需的知识技能，其他个人能力主要指个人素质、品质等。

创业者如果结合自己的专业或者特长创业，相对而言，会比选择一个自己不熟悉、不懂的项目更容易获得成功。如果开始创业时没有结合自己的专业或特长，那么就要寻找熟悉业务且专业的员工或者合作者，这样才更容易成功。

创业者的创业过程其实也是一个成长的过程，创业者要善于不断学习，掌握行业、专业的知识和技能，只有专业才能赢得信赖，赢得顾客，赢得市场。

对创业来说，除专业技能外，创业者的管理知识技能及其他创业能力也很重要。创业者需要具备一定的公司经营管理知识、诚实守信的品格魅力、一定的组织协调能力、团队领导能力、沟通表达能力等，这样才能带领团队走得更稳、更好。

（3）创业经验

创业不是一件简单的事情，它涉及营销、团队、财务、管理等各种具体经营性事务。创业前如果有相关经验，则能够更有条理地去安排或处理各项事务，企业也能更有序地经营。

因此，创业者在创业前有必要判断一下自己是否拥有一定的创业经验或者企业经营管理经验。

（4）创业资源

能否获得可以支配的各种资源在一定程度上决定了创业成功的难易程度，有些资源甚至会对创业成败起到决定性作用。

创业者在创业前应该罗列出自己的各项创业资源，为选择、分析和确定创业项目提供客观依据。

（5）创业资金

虽然现在社会上创业的融资渠道越来越多，但是，从创业的本质来看，创业者必须具备一笔在一定时间内能够自由支配的资金，保证能够将创业项目启动起来。

创业者创业前应该估测一下自己能够筹集到的可以自由支配的资金究竟有多少，这样才能更好地选择自己能驾驭的合适的创业项目。

（6）创业动机

每一位创业者的创业动机是不一样的。有的人为了生存，解决自己和家人的温饱问题；有的人为了过更好的生活，改善自己和家人的生活条件；有的人为了证明自己，通过自己的努力获得成功，赢得别人的尊重和认可；还有的人为了实现更高的自我价值，通过创业来为社会提供更多的就业机会，推动物质文明和精神文明的发展，为整个社会带来更多的价值。

创业动机的强烈程度决定着创业者的行动力。创业者在创业前可以评估一下自己的创业动机，这样能够帮助自己更好地审视内在的创业决心，确立创业发展的方向。

实训画布任务 1

学习巴组建

1. 画布模型

2. 画布实训步骤

（1）开会：在讲师的主持下，组成学习小组，召开第一次见面会，熟悉彼此。

（2）组建：初步商定小组组长人选及其他小组成员在小组中担任的职务，设计会议记录模板，并指定此次会议记录人，将团队组建事宜记入会议记录。

（3）商讨：在组长的领导下，按顺序讨论图中要求完成的事项——团队名称、团队口号、团队标识，并形成初稿。

（4）审查：提交初稿给讲师审查，审查后内容记入会议记录。

（5）物资：向讲师申领彩笔、制图工具、方形便利贴、画布或 A2 幅面白纸。

（6）分工：组员自荐或由组长分配完成此画布的校稿、绘图、写字、校对、美化、张贴等各项事务，分工情况要记入会议记录。

（7）绘制：在讲师规定的时间内，在组长的统一协调下，按讲师审查后的初稿，按画线、绘图、写字、校对、美化等顺序团队协作完成画布。

（8）展示：设计风采展示的团队 POSE 并进行演练，然后按讲师要求进行画布展示，展示后将画布张贴在墙面上。

（9）开会：总结任务完成要点及完成任务过程中团队协作的不足之处，将总结记入会议记录。

3. 画布实训示例

"互联网+"学习巴组建画布
成员1
赵一
巴长
成员2
钱二
负责财务
成员3
孙三
负责人事
成员4
李四
负责市场
成员5
周五
负责技术
成员6
吴六
负责售后
阿米巴学习小组名称：湖南省长沙市凤引智能巴
阿米巴学习小组口号：凤引智能 学习为王 健康快乐 安全贴心
①

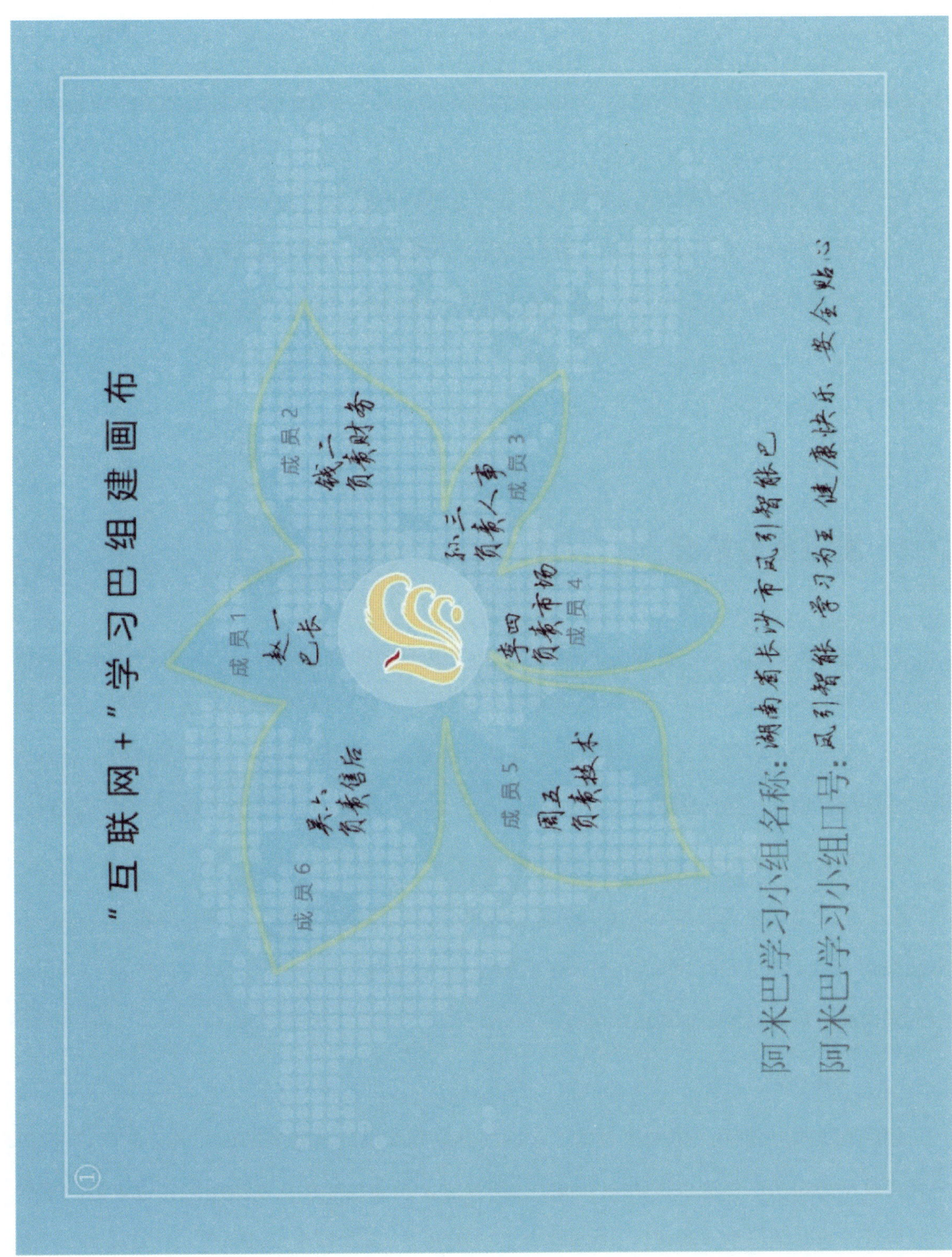

主题 2

创业机会

一个真正的创业机会的形成需要经过三个步骤：一是发掘创业机会；二是开发创业机会；三是评估创业机会。发掘创业机会是一个找寻的过程，开发创业机会是结合自己资源将创业机会构建成项目的过程，而评估创业机会则是对所构建的项目是否能够实施进行全面评估。

2.1 发掘创业机会

“世界创业教育之父”杰弗里·蒂蒙斯（Jeffry Timmons）教授认为，能够满足以下四点的可以称为一次创业机会：一是对消费者有吸引力；二是能够在商业环境中实施；三是能够在创业者所处环境中实施；四是创业者具备创办企业的资源和技能，或者能够吸引拥有这些资源和技能的人一同创业。

创业机会具有吸引力、持久性、及时性。

创业机会主要来源于四个方面：一是市场机会；二是政策机会；三是技术机会；四是资本机会。

发掘创业机会通常可采用以下方法。

（1）模仿创新

曾经有这么一句话：“想知道中国五年后的互联网状况就看看美国现在的互联网。”放在今天可就不一定了，但这也说明一个问题，那就是，机会往往是从发达地区搬过来的，就像工厂西迁一样。美国有“雅虎”，中国就有了“新浪”；美国有个“eBay”，中国出了个“淘宝”；美国有“亚马逊”，中国有“当当”。虽然中国企业做了很大程度的创新，但其核心依然是模仿。

（2）发挥兴趣

创业者通过发现自己的兴趣，专注于极致地发挥自己最擅长的那部分，也可为整个创业行动带来持续动力，创造并获取价值。

（3）发现痛点

痛点往往源于现有的资源或条件无法满足需求，换句话说，就是这方面暂时没有人去做或做得不够好，而这就是一个机会。

（4）垂直细分

互联网行业是一个倒金字塔形的结构，只有少量基础服务商，大部分企业都在应用层面，都在为创造、抢占流量入口而努力。对于创业而言，由于 BAT（Baidu、Alibaba、Tencent，百度、阿里巴巴、腾讯）的垄断，更多的机会产生于垂直领域的应用与服务，如化妆品、女性健康、健身等。

（5）定义场景

所谓场景，通俗地讲，就是指某个情景或画面。能够被抽取出来重新定义的场景，必须具备必须性或经常性，这样的场景被重新定义了才有意义。例如，付款场景被"支付宝""微信支付"等重新定义，看电视被智能手机、网络电视 App 重新定义，传统门锁被智能锁重新定义等。

2.2 开发创业机会

杰弗里·蒂蒙斯在其所著《新企业的创建》一书中提出了一个创业机会开发模型，他认为，成功的创业活动必须对商机、创业团队和资源三者进行最适当的匹配，并且要随着事业的发展不断进行动态平衡。

如图 1—3 所示，创业过程由商机启动，在创业团队建立以后，就应该设法获得创业所必需的资源，这样才能顺利实施创业计划。

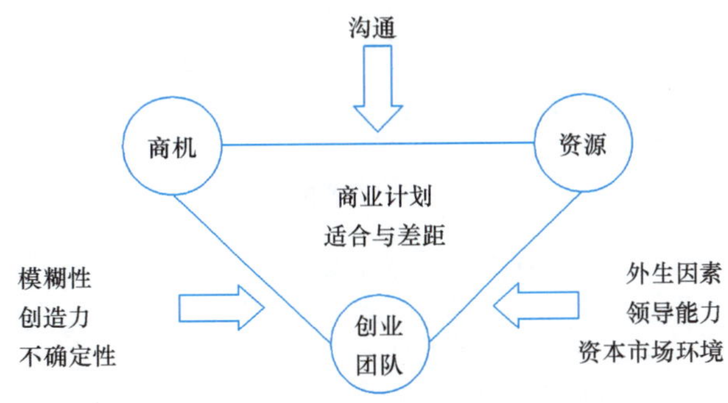

图 1—3　杰弗里·蒂蒙斯创业机会开发模型

商机是创业过程的核心要素。创业的核心就是发现和开发商机，并利用商机实施创业。因此，识别与评估市场机会是创业过程的起点，也是创业过程中的一个关键阶段。

资源是创业过程不可或缺的支撑要素。为了合理利用和控制资源，创业者往往要制定设计精巧、用资谨慎的创业战略，这种战略对创业具有极其重要的意义。

创业团队则是实现创业这个目标的关键组织要素。一个合格的创业团队必须具备善于学习、从容应对逆境的品质，具有高超的创造、领导和沟通能力，但更重要的是具有柔性和韧性，能够适应市场环境的变化。

在杰弗里·蒂蒙斯创业机会开发模型中，商机、资源和创业团队这三个创业要素构成一个倒立三角形，创业团队位于这个倒立三角形的顶部。在创业初始阶段，商机较大，而资源较为稀缺，于是三角形向左边倾斜；随着新创企业的发展，可支配的资源不断增多，而商机则可能会变得相对有限，从而导致另一种不均衡。创业者必须不断寻求更大的商机，并合理使用和整合资源，以保证企业平衡发展。商机、资源和创业团队三者必须不断动态调整，以最终实现动态均衡。

2.3 评估创业机会

（1）评估创业机会的标准

研究表明，创业机会至少要达到以下五个方面的要求：

一是产品有明确的市场需求，推出的时机相对恰当。

二是投资的项目能够维持持久的竞争优势。

三是投资必须具有一定的高回报，从而允许投资中的失误。

四是创业者与机会之间必须是相互契合的。

五是机会中没有致命的缺陷。

（2）创业机会评估体系

创业机会评估体系为创业者提供了一套系统的评估框架和可量化的指标，见表1—1。通过定性或量化的方式，创业者可以利用这个体系对行业和市场问题、竞争优势、财务指标、管理团队以及致命缺陷等做出判断，以此来评价一个创业项目或创业企业的投资价值和机会。

表 1—1　　　　创业机会评估体系

财务指标	客户	内部因素	创新与成长因素
预期内部回报率	市场接受性	创业者素质	创业者的潜力
预期投资回报率	市场规模	管理层素质	创业团队的潜力
投资回报周期	市场结构	创业者资源	机会的持续性
	成本	致命的缺陷	环境适应能力
	价格		抗风险能力

实训画布任务 2

项目创意

1. 画布模型

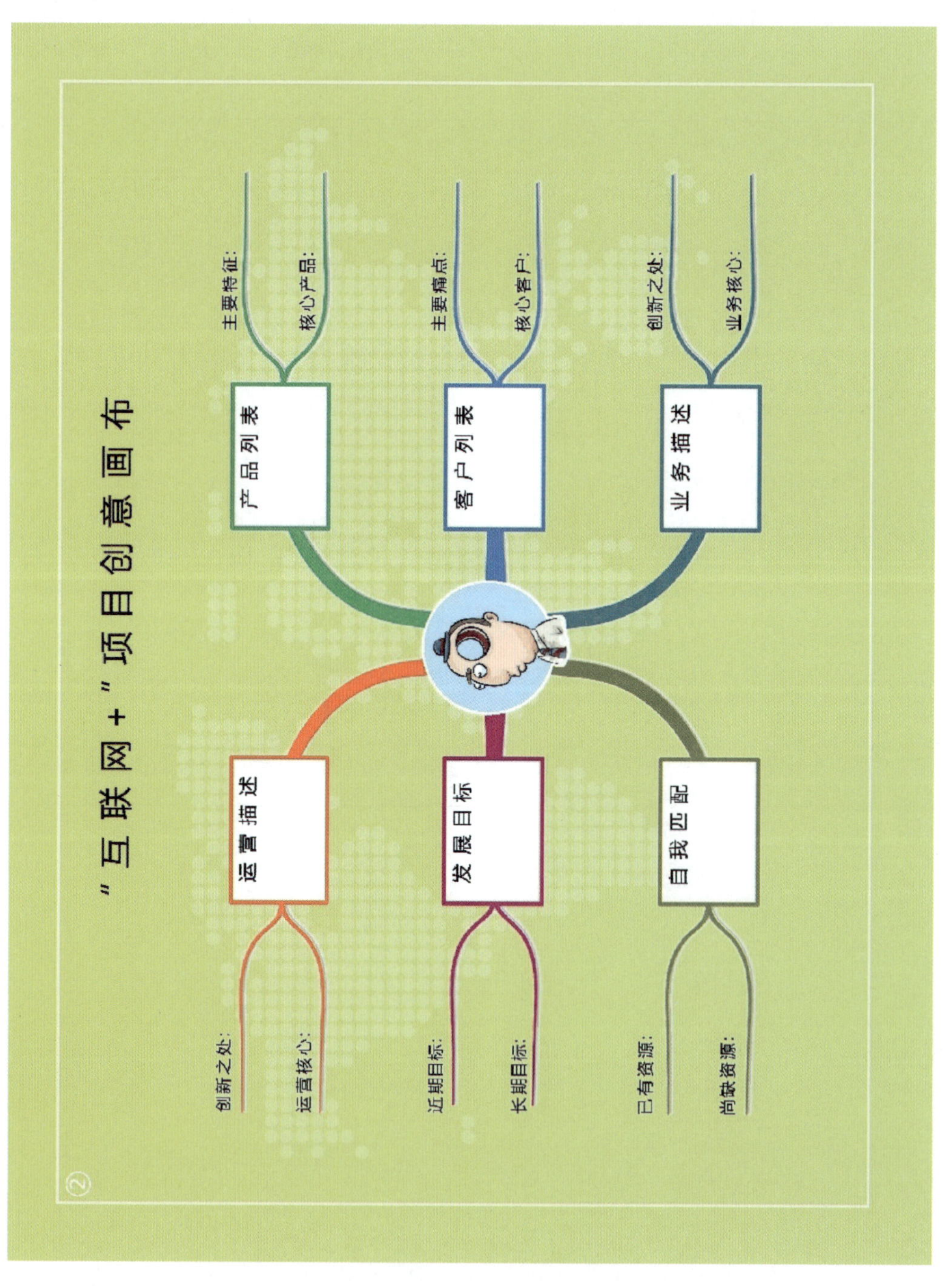

2. 画布实训步骤

（1）开会：由组长召集组员开会，并指定本次会议记录人。

（2）商讨：在组长的领导下，按顺序讨论画布中要求完成的事项——产品列表、客户列表、业务描述、运营描述、发展目标、自我匹配，对各事项中的分项进行简要描述，并形成初稿。

（3）审查：提交初稿给讲师审查，审查后内容记入会议记录。

（4）物资：向讲师申领彩笔、制图工具、方形便利贴、画布或 A2 幅面白纸。

（5）分工：由组员自荐或由组长分配完成此画布的校稿、绘图、写字、校对、美化、张贴等各项事务，分工情况要记入会议记录。

（6）绘制：在讲师规定的时间内，在组长的统一协调下，按讲师审查后的初稿，按画线、绘图、写字、校对、美化等顺序团队协作完成画布。

（7）展示：按讲师要求进行画布展示，展示后将画布张贴墙面上。

（8）开会：总结任务完成要点及任务完成过程中团队协作的不足之处，将总结记入会议记录。

3. 画布实训示例

②
"互联网+"项目创意画布
运营描述
帮学校建立电子校园及学生健康监控平台
创新之处：以服务促销售
运营核心：平台运维
发展目标
行业标杆
近期目标：1~3年平台成熟
长期目标：3~5年挖掘数据应用
自我匹配
契合
已有资源：政策、规划、技术
尚缺资源：资金
产品列表
智能校服、管理平台
主要特征：通过智能感应收集学生位置、健康信息及危险警报
核心产品：智能校服
客户列表
学校、父母或个人
主要痛点：学生的安全及健康不能即时呈现
核心客户：学校
业务描述
出售智能校服并提供平台服务
创新之处：将人工智能用于安全与健康管理
业务核心：提供安全及健康管理

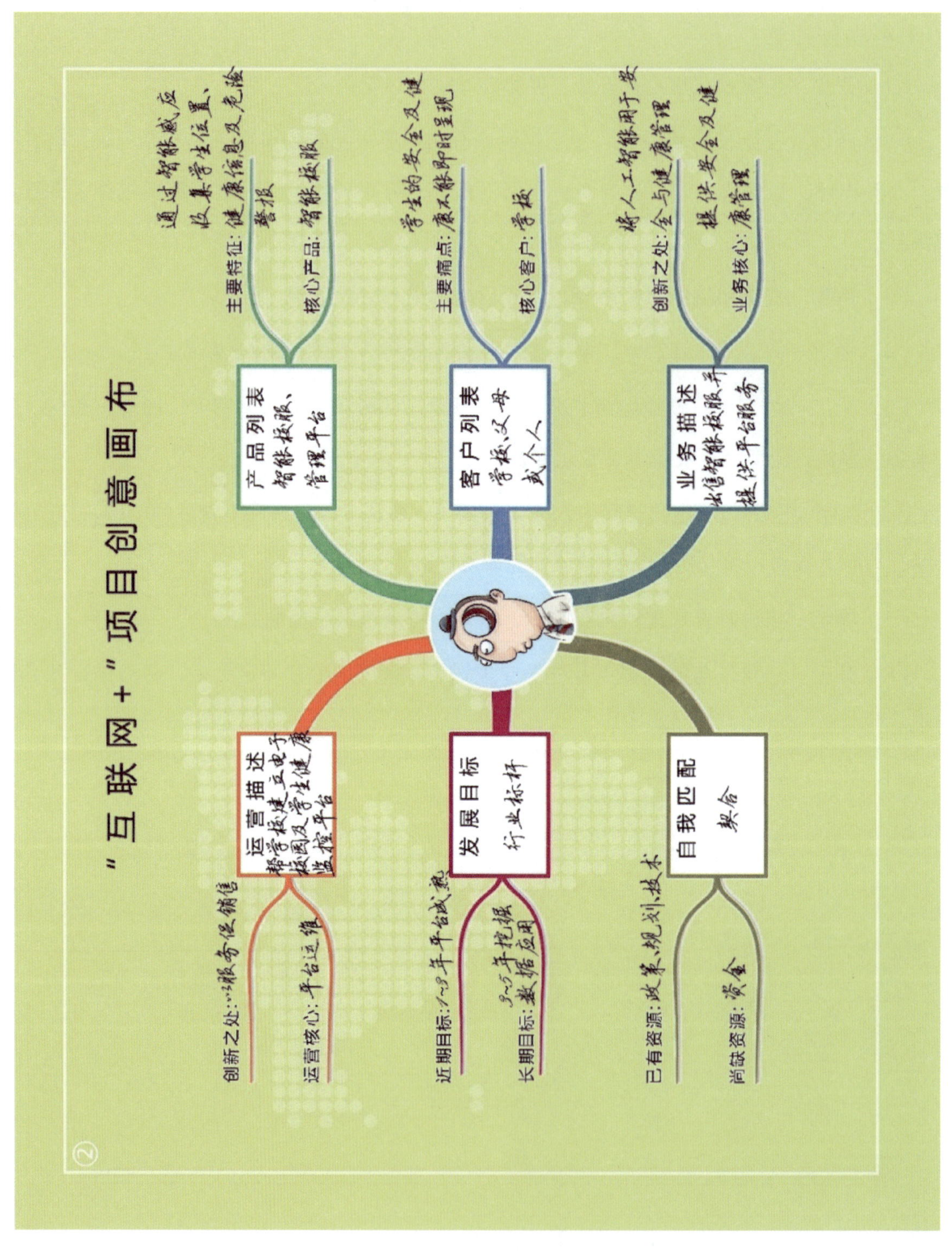

第 1 单元

知识回顾及学习自评

【知识回顾】

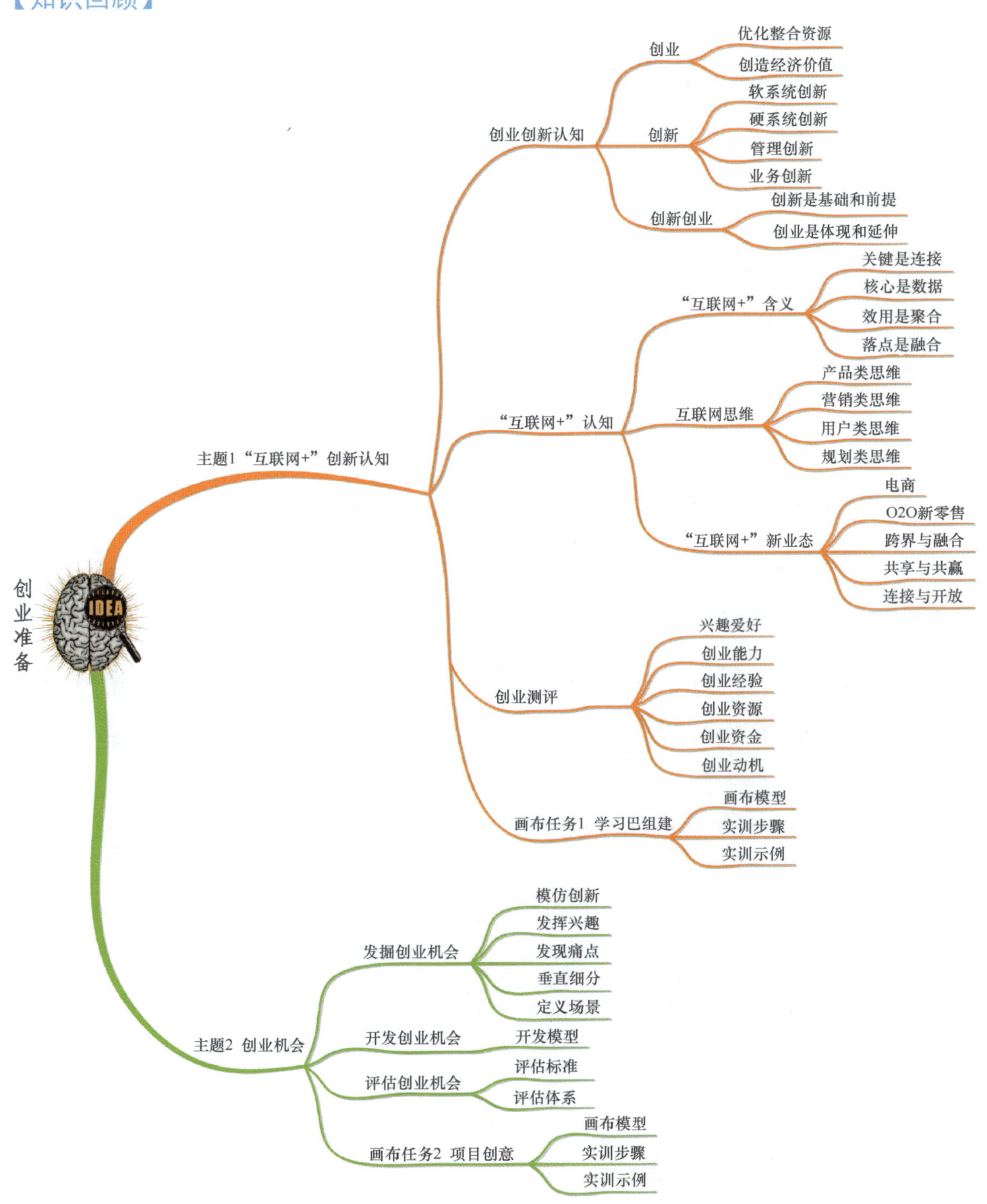

【学习自评】

第单元 创业设计

产品是企业生存的基础，模式是企业发展的核心，创业者开启自己的创业征程时首先要考虑的不是钱也不是关系，而是赖以生存的产品与持续发展的模式。

本单元介绍了通用的产品规划方法，进一步说明了打造“互联网 +”产品时通用的信息收集、数据分析、结果反馈、用户指令、行为调整“五步”思维方式；介绍了企业盈利模式设计的四个步骤，即对象分类、内容设定、收益设计、平台建设。期望通过本单元的学习，创业者能够为自己的创业项目设计奠定坚实的基础。

主题 3

产品策略

3.1 市场分析

3.1.1 市场调研

市场调研是运用科学的方法有计划、有目的、系统地收集、整理和研究分析市场方面的有效信息，并形成调研报告的工作过程。市场调研能够帮助企业管理者了解市场营销环境，为发现问题与机会、进行市场预测与营销决策提供依据。

市场调研的方向多种多样，根据方法属性可分为定量研究、定性研究；根据研究的领域，可分为渠道研究或零售研究、媒介和广告研究、产品研究、价格研究等；根据行业属性，可分为商业和工业研究等；也有针对少数民族和特殊群体的研究、民意调查以及桌面（案面）研究等相对独立的研究。

市场调研的方法灵活多变，常用的调研方法有电话访问、在线查询、入户访问、街头访问、问卷调查、实地调研、试用体验报告、座谈会、深度访谈、邮递、传真等。

市场调研的流程因事而异，但一般情况下都会遵循以下流程：撰写调研计划→设计调研问卷→实施调研问卷→收集、整理调研问卷→数据分析→撰写调研报告。

市场调研的具体实施步骤是：确定市场调研的必要性→定义问题→确立调研目标→确定调研设计方案→确定信息的类型和来源→确定收集资料→问卷设计→确定抽样方案及样本容量→收集资料→分析资料→撰写调研报告。

市场调研过程中要特别注意三个问题：一是调研所定义问题的普适性，既适合甲地区又适合乙地区，这样才能保证最终可找到问题的共性；二是调研对象的代表性和随机性，即所调研对象具有代表某类人群的特性，同时要保证是随机抽样，而不是事先安排；三是调研评价标准的统一性，即进行数据分析时标准一定要统一，除特定研究外不可区别对待。

3.1.2 市场细分

市场是商品交换关系的总和，由于消费者需求和企业所具备优势均存在差异，因而有必要对市场进行不同程度的细分，以便更好地发挥企业优势，满足消费者不同的需求。

市场细分是指营销者通过市场调研，依据消费者需要和欲望、购买行为和购买习惯等方面的差异，把某一产品的市场整体划分为若干消费者群的市场分类过程。每一个消费者群就是一个细分市场，每一个细分市场都是由具有类似需求倾向的消费者构成的群体。

市场细分可按地理因素、人口统计因素、心理因素、行为因素、受益因素等进行。

（1）按地理因素细分

按地理因素细分，就是按消费者所在的地理位置、地理环境等变数来细分市场。处在不同地理位置或不同地理环境下的消费者，对于产品往往会有不同的需求与偏好。例如，对自行车的选购，城市居民多喜欢式样新颖的轻便车，而农村居民则较喜欢坚固耐用的加重车等。具体分析如下。

- 按地理位置细分。例如，在我国，可以划分为东北、华北、西北、西南、华东和华南等地区；内地和沿海地区；城市和农村等地区。在不同地区，消费者的需求存在较大差异。
- 按城镇大小细分。例如，可细分为大城市、中等城市、小城市和乡镇等。处在不同规模城镇的消费者，其消费结构往往也存在较大差异。
- 按地形和气候等细分。例如，按地形可划分为平原、丘陵、山区、沙漠地带等；按气候可分为热带、亚热带、温带、寒带等。对于防暑降温、御寒保暖类的消费品市场就应按不同的气候带来细分，如对于加湿器消费市场的细分，我国北方因冬天气候寒冷干燥，所以加湿器的需求会较为明显，但在江南地区，由于空气湿度大，所以对加湿器基本不存在需求。

（2）按人口统计因素细分

按人口统计因素细分，主要是指按年龄、性别、收入、民族、职业、受教育程度、家庭人口等变数对市场进行细分。由于人口变数较其他变数更容易测量，且适用范围较广，因而人口统计因素一直是细分消费者市场的重要依据。具体分析如下。

- 按年龄因素细分。如儿童市场、青年市场、中年市场、老年市场等。从事服装、食品、保健品、药品、健身器材、书刊等商品生产经营业务的企业，经常采用年龄变数来细分市场。
- 按性别因素细分。由于很多商品本身在用途上就有明显的性别特征，而且男女之间在购买动机和购买行为方面也存在较大差异，所以很多行业，如美容美发、化妆品、珠宝首饰、服装等，长期以来都按性别因素细分市场。

● 按收入水平细分。收入水平直接影响消费者的需求欲望和支出模式。收入水平不同，消费的场所、商品等都会存在差异。如汽车、旅游、房地产等行业一般都会按消费者的收入水平细分市场。

● 按民族细分。世界上大部分国家都拥有多种民族，我国更是一个多民族的大家庭，除汉族外，还有 55 个民族，这些民族都各有自己的传统习俗、生活方式，从而呈现出各种不同的商品需求。按民族将市场进一步细分，有利于满足各族人民的不同需求，从而进一步扩大企业的产品市场。

● 按职业状况细分。不同职业的消费者，由于知识水平、工作条件和生活方式等不同，其消费需求存在很大的差异。如教师比较注重书籍、报刊方面的需求，文艺工作者则比较注重美容、服装等方面的需求。

● 按受教育程度细分。受教育程度不同的消费者，在生活方式、兴趣爱好、消费观念等方面都会有所不同，从而会影响他们的购买种类、购买行为和购买习惯。

● 按家庭人口数量细分。家庭人口数量不同，在住宅大小、家具、家用电器乃至日常消费品的规格等方面都会出现需求差异。

（3）按心理因素细分

按心理因素细分，就是将消费者按其生活方式、性格、购买动机、态度等变数细分成不同的群体。具体分析如下。

● 按生活方式细分。越来越多的行业，如服装、化妆品、家具、娱乐等行业，重视按人们的生活方式来细分市场。生活方式是人们对工作、消费、娱乐的特定习惯和模式，不同的生活方式会产生不同的需求偏好，如“传统型”“新潮型”“节俭型”“奢侈型”等。这种细分方法能显示出不同群体对同种商品在心理需求方面的差异性，如美国有的服装公司就把妇女划分为“朴素型妇女”“时髦型妇女”“男子气质型妇女”3 种类型，分别为她们设计不同款式、颜色和质地的服装。

● 按性格细分。人的性格有外向与内向、热情与保守、乐观与悲观等不同，不同性格的人在商品的选择方面也表现出不同的倾向。如性格外向、热情的消费者往往喜欢表现自己，因而他们喜欢购买能表现自己个性的商品；性格内向的消费者则喜欢大众化、较平常的商品。

● 按购买动机细分。即按消费者追求的利益来细分市场。消费者购买商品所追求的利益主要有求实、求廉、求新、求美、求名、求安等，这些都可作为细分的变量。例如，有的人购买服装为了遮体保暖，有的人为了追求美观，有的人则为了体现自身的经济实力等。

（4）按行为因素细分

按行为因素细分，就是按照消费者购买或使用某种商品的时间、购买数量、购买频率、对品牌的忠诚度等变数来细分市场。

● 按购买或使用商品时间细分。例如，烟花爆竹的消费主要在春节期间；月饼的消费主要在中秋节以前；商家在酷热的夏季大做空调广告，以有效增加销量；双休日商店的营业额大增等。

● 按购买数量细分。据此可分为大量用户、中量用户和少量用户。如文化用品大量使用者是知识分子和学生，化妆品的大量使用者是青年妇女等。

● 按购买频率细分。据此可分为经常购买者、一般购买者、不常购买者（潜在购买者）等。如小学生经常购买铅笔，高年级学生根据需要购买铅笔，而工人、农民则不常购买铅笔。

● 按购买习惯（对品牌忠诚度）细分。据此可将消费者划分为坚定品牌忠诚者、多品牌忠诚者、转移的忠诚者、无品牌忠诚者等。例如，有的消费者忠诚于某些品牌商品，有的消费者忠诚于某些企业的服务等。

（5）按受益因素细分

按受益因素进行细分，就是按消费者追求的具体利益、产品带来的益处，如质量、价格、品位等变数细分成不同的人群。

3.1.3 市场选择

市场选择是指企业在细分市场后，评估每个细分市场的吸引力，并选择进入一个或多个细分市场。选择有效的细分市场是创业成功的关键环节。

有效的细分市场应具备以下特征。

（1）可衡量性

可衡量性是指各个细分市场的购买力和规模能被衡量，细分变数越难衡量，其风险性将更大。

（2）可盈利性

可盈利性是指企业新选定的细分市场容量在一定时期内足以使企业获利。

（3）可进入性

可进入性是指所选择的细分市场必须与企业自身状况相匹配，企业有优势占领这一市场。可进入性具体表现在信息进入方面、产品进入和竞争进入方面。考虑市场的可进入性，实际上就是研究其营销活动的可行性。

（4）差异性

差异性是指细分市场在观念上能被区别，并对不同的营销组合因素和方案有不同的反应。

（5）稳定性

细分后的市场能否在一定时间内保持相对稳定，直接关系到企业生产营销的稳定性。特别是对于大中型企业以及投资周期长、转产慢的企业，如果细分后的市场稳定性差，则更容易造成企业经营困难，严重影响企业的经营效益。

3.2 产品规划

3.2.1 产品周期

产品周期是指产品从进入市场开始，经历成长、成熟，直到最终退出市场为止所经历的市场生命过程，通常包括导入期、成长期、成熟期、衰退期四个阶段，如图 2—1 所示。产品只有经过研究开发、进入市场试销，它的市场生命周期才算开始。产品退出市场，则标志着其生命周期的结束。

一般情况下，处于导入期的产品，知名度低、成本较高、销量增长缓慢，需要长期规划、重点扶持；处于成长期的产品，逐渐被客户认可、成本下降、销量呈现迅速上涨势头，此时最好能集中优势独立发展；处于成熟期的产品，由于竞争加剧、利润空间缩减、销量趋于平缓，需要及时压缩投资、升级增值；处于衰退期的产品，销量锐减，利润进一步缩小，新品、替代品不断出现，此时要进行产品的细分重组并及时迁移所积累的资源至新业务、新产品。

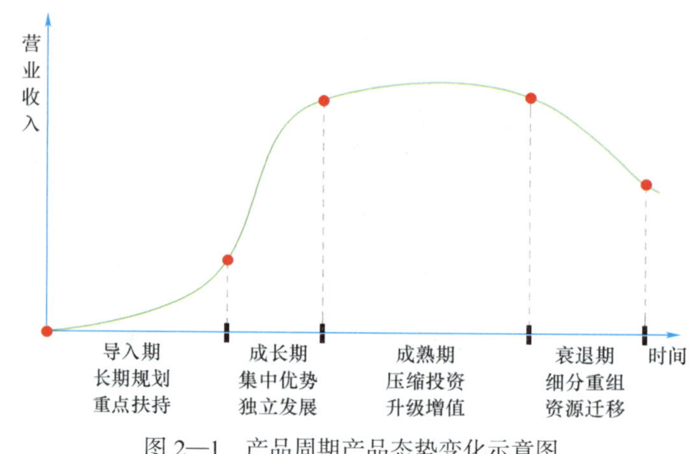

图 2—1　产品周期产品态势变化示意图

研究产品周期的意义主要体现在以下三个方面：

一是利于做出销售决策。判断正在销售的产品处于生命周期的哪个阶段，以便确定相应的销售方法，提高销售额。

二是利于判断研发方向。判断准备研发或引进的产品正处于哪个阶段，以便决定企业本阶段是否研发该产品。

三是利于判断何时引进新品。判断引进产品的时间点，通常当一个产品已经处于成熟期时就该筹划引入下一个产品了。

3.2.2 产品矩阵

一家企业在规划产品时需要考虑五个方向，即正常销售的基础产品、用于各种活动的活动产品、能够产生高利润的利润产品、能够展示企业形象的形象产品、能够吸引顾客流量又具有一定利润的爆款产品，这五个方向的产品所组成的矩阵即为完整的产品矩阵，如图 2—2 所示。

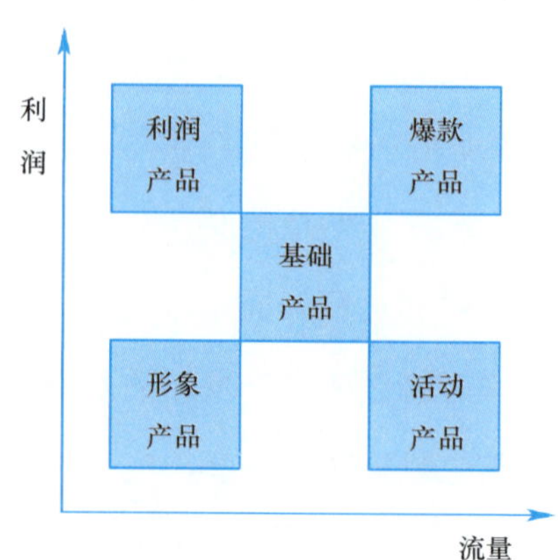

图 2—2　产品规划矩阵示意图

3.2.3 产品采购

产品采购包括货源选择和产品采购两大环节。

（1）货源选择

货源选择的渠道包括线上与线下两种，常用的方法主要有以下四种。

- 特色选择法。寻找有特色的货源。“新”“奇”“特”往往能够吸引大家的眼球，也更容易激发买家的购买欲。如果你不希望承受太多同质商品带来的竞争压力，可以试着去发现一些目前比较冷门但有较大发展潜力的产品，人无我有，人有我新。
- 质量选择法。质量好的产品更容易获得顾客的认可。选择质量过硬的货源，有利于店铺的后期发展和客户忠诚度的建立。
- 地域性选择法。即就近选择货源。如果你的货源就在附近，你就在价格战中获得了对手无法超越的优势。因此，优先考虑选择本地商品是很有好处的。
- 利润空间选择法。选择货源应该保证其有价格优势，有很大利润空间。当然，前提是，商品的廉价不是以牺牲质量为代价的。基于这个前提，利润空间较大的商品更适合创业者经营，也就是说，尽量联系厂家或一级供货商，以便价格上获得较大优势。

（2）产品采购

产品采购是指企业为实现销售目标，在充分了解市场要求的情况下，根据企业的经营能力，运用适当的采购策略和方法，取得适销对路的商品的经济活动过程。

俗话说“采购好商品等于卖出一半”“只有错买，没有错卖”。企业如果想采购到适销对路、品质优良的商品，采购过程中就应遵循一定原则，以需定进、勤进快销、以进促销、储存保销、守法进货、信守合同。

3.3 产品创新

3.3.1 设计品牌

品牌，简单地讲，就是人们对一家企业及其产品、售后服务、文化价值的辨识、评价和认知，是具有经济价值的无形资产。品牌的辨识由名称、名词、符号、象征、设计或它们的组合构成，一般通过品牌名称和品牌标志进行品牌的辨识。

品牌名称设立有多品牌、单品牌、同类产品统一品牌、企业名称与个别产品品牌一致等多种方式。

品牌建设是指品牌拥有者对品牌进行的设计、注册、宣传、维护等行为，经过注册国家认可的品牌具有排他性，有知名度而没注册的品牌一旦被别人抢先注册将导致之前的众多努力付之东流或需要付出一定的代价去回购。对经过注册的品牌，要努力提高其知名度，有了知名度就有了品牌凝聚与品牌扩散的众多可能，品牌本身就可以成为发展的动力。

3.3.2　设计外包装

消费者购物过程中，产品外包装及宣传品往往发挥着广告或推销员的作用。如果产品的外包装及宣传品能够吸引广大消费者的视线并充分激发其购买欲望，那么就达成了对产品外包装进行设计的主要目的。

产品的外包装设计有类似包装、等级包装、配套包装、附赠品包装、提示型包装、仿生包装等多种形式。

3.3.3　开发新产品

从广义上理解，产品只要在功能或形式上得到改进，与原产品产生差异，并为客户带来新的利益，即可视为新产品。新产品的开发或引进分为全新型、模仿型、改进型、系列补充型、降低成本型、重新定位型、“互联网 +”型等多种类型。

一般情况下，对于用“互联网 +”方法开发或改造产品具有通用的“五步”思维方式：信息收集、数据分析、结果反馈、用户指令、行为调整。如在产品中嵌入芯片，运用各种智能感应技术收集周边信息，通过网络传输到控制平台进行数据计算分析，再进一步将结果反馈到客户端平台上。客户根据反馈结果在客户端平台上进行各种操作，将指令通过控制平台发送到产品芯片，从而完成各种调整。

此外，各类客户端平台还进一步开发社交、商城、新闻、教育等各种各样的功能，这也是产品网络化、生态化的一大趋势。

下面几个案例就是对产品不同程度的“互联网 +”应用。

【案例 1】李宁智能跑鞋

体育运动品牌李宁联手小米生态链企业华米科技，共同发布了两款智能跑鞋。李宁智能跑鞋内置华米智芯，而这颗智芯是安放在鞋垫下方凹槽中的。通过蓝牙 4.0，李宁智能跑鞋中的华米智芯就可以和手机中的小米运动客户端连接。在功能方面，李宁智能跑鞋除拥有 GPS 定位、卡路里计算、时速和配速显示以及关注好友等常规功能外，还可以进行脚步落地分析和精准步频分析，使用户能够以更科学、更正确的姿势跑步。

此案例中所开发产品完成了信息收集、数据分析、结果反馈等设计。

【案例 2】爱尔威电动车

爱尔威正在逐步打造出一个完整的生态圈，在完成交通代步这个功能的基础上，实现以 A 系列产品为载体的全方位功能服务。目前，爱尔威已开发出 A 系列相关 App，用户下载 App 后，就可以在手机上实时监测电动平衡车数据，了解骑行状况，更能利用 App 更新校准电动平衡车，使骑行随心所欲，更加舒适。

此案例中所开发产品完成了信息收集、数据分析、结果反馈、用户指令、行为调整等设计。

【案例 3】共享单车

在“互联网 +”背景下，共享单车通过二维码扫描连接配套的 App，从而实现智能开锁、GPS 定位、费用结算、数据同步等功能。自行车内置的定位芯片可以保持实时在线，随时同步数据到云端，并保证重要信息的通信，从而实现了单车使用共享，最终实现随取随用、随用随还、随还随结算的功用。

此案例中所开发产品完成了信息收集、数据分析、结果反馈、用户指令、行为调整等设计。

实训画布任务 3

产品矩阵

1. 画布模型

2. 画布实训步骤

（1）开会：由组长召集组员开会，并指定本次会议记录人按会议模板进行会议记录。

（2）商讨：在组长的领导下，按顺序讨论画布中要求完成的事项——规划本项目的基础产品、形象产品、活动产品、利润产品、爆款产品，并在相应位置写出对应的产品列表，形成初稿，注意不要违反逻辑强行填满。

（3）审查：提交初稿给讲师审查，审查后内容记入会议记录。

（4）物资：向讲师申领彩笔、制图工具、方形便利贴、画布或 A2 幅面白纸。

（5）分工：由组员自荐或由组长分配完成此画布的校稿、绘图、写字、校对、美化、张贴等各项事务，分工情况要记入会议记录。

（6）绘制：在讲师规定的时间内，在组长的统一协调下，按讲师审查后的初稿，按画线、绘图、写字、校对、美化等顺序团队协作完成画布。

（7）展示：按讲师要求进行画布展示，展示后将画布张贴在墙面上。

（8）开会：总结任务完成要点及任务完成过程中团队协作的不足之处，将总结记入会议记录。

3. 画布实训示例

“互联网+”产品矩阵画布
利润产品
智能手表
爆款产品
智能校徽
智能平台服务
智能校服
基础产品
智能巡视机器人
形象产品
无
活动产品
③

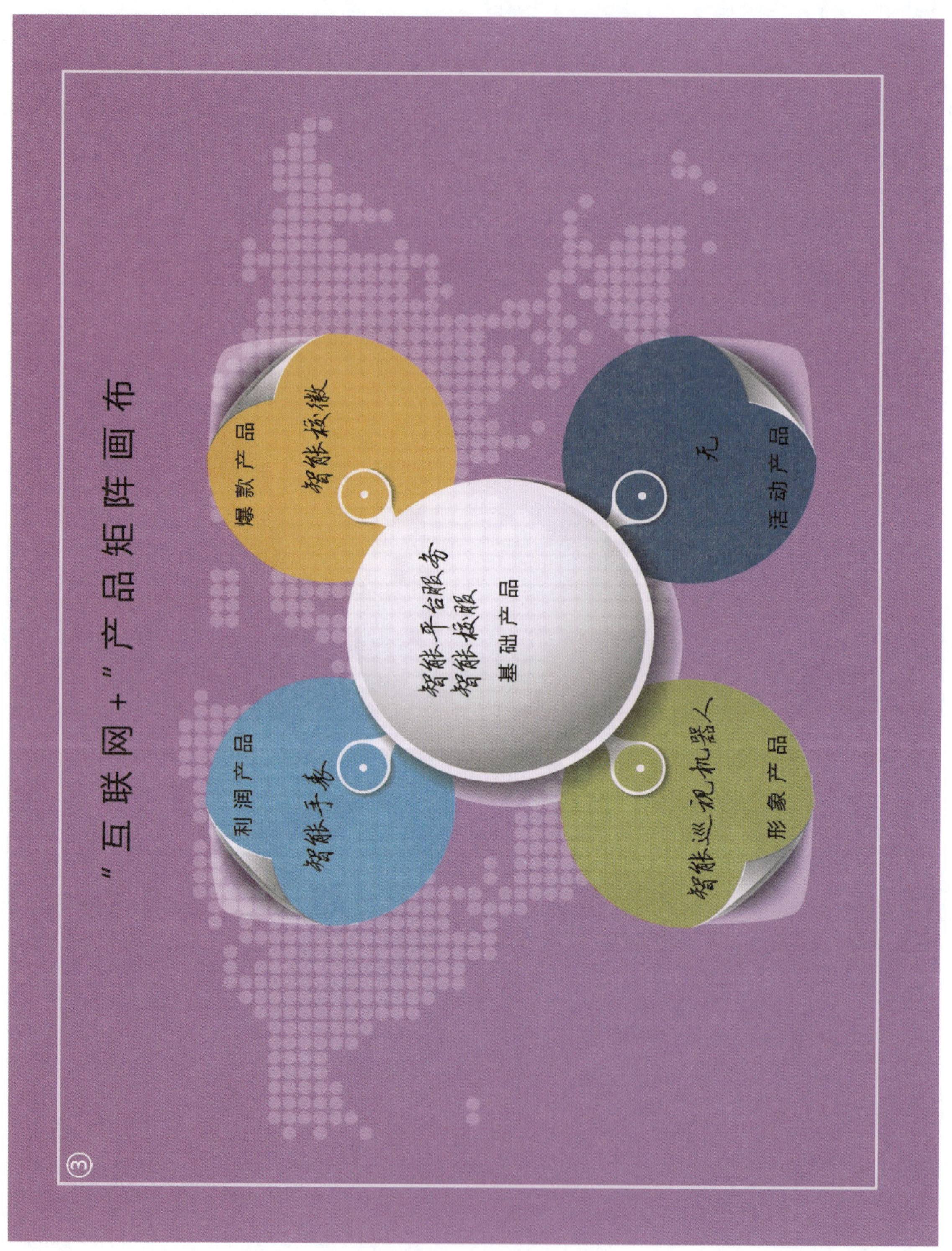

主题 4

盈利模式

盈利模式表达了企业在供应端和销售端与利益相关者之间的业务结构关系，对企业发展至关重要。盈利模式设计是在产品买卖、信息交互的基础上进行的，通常包括交易对象分类、交易内容设定、交易收益设计、网络平台建设四步，对于实体创业项目而言，网络平台建设为非必需步骤，但对于“互联网 +”创业而言，网络平台建设则是必需步骤，可选择利用与自身盈利模式匹配的第三方网络平台或自建平台。

4.1 交易对象分类

交易对象分类是企业构建盈利模式的基础，是指根据企业定位对众多利益相关者进行分类及明确的角色定位，以便对交易内容、交易收益及交易平台进行进一步设计。

企业的利益相关者共分为六大类，如图 2—3 所示。

（1）客户

客户包括终端个人消费者、团队消费者、企业消费者等。

（2）供应商

供应商是提供产品、服务或原材料给企业，最终销售给客户的利益相关者。在这里我们把供应商界定为现款结付的供应商，包括原材料供应商、实体商品供应商、服务型供应商。他们所提供的原材料、商品或服务均是直接或进一步加工后卖给客户的。

（3）渠道

渠道包括线下渠道及线上网络渠道，不包括企业自建互联网平台，如加盟商、代理商、淘宝、微店等。

（4）同渠道企业

同渠道企业，就其本质来讲也是供应商，但这类供应商的特征在于有一定的结算周期，即先将商品提供给企业过一段时间后再收款。这类企业可能是新合作者，也可能是由供应商转换而来。

（5）服务商

服务商是指为企业本身提供服务的合作者，如给企业提供法律服务的律师事务所，给企业提供做账服务的会计师事务所，给企业开发网站的软件公司，给公司提供采购服务的采购外包公司，给公司提供用人服务的人力资源公司等，都属于此类范围。他们所提供的商品或服务仅用于企业的日常工作，不用于销售给客户。

（6）同客户企业

同客户企业是指与本企业有同样客户的同业或非同业合作者。这类合作者不直接通过企业平台或渠道售卖他们的商品，而是就客户资源与企业进行一系列的合作。比如通过本企业做广告，购买本企业的业务成果，再如为客户买单者等。

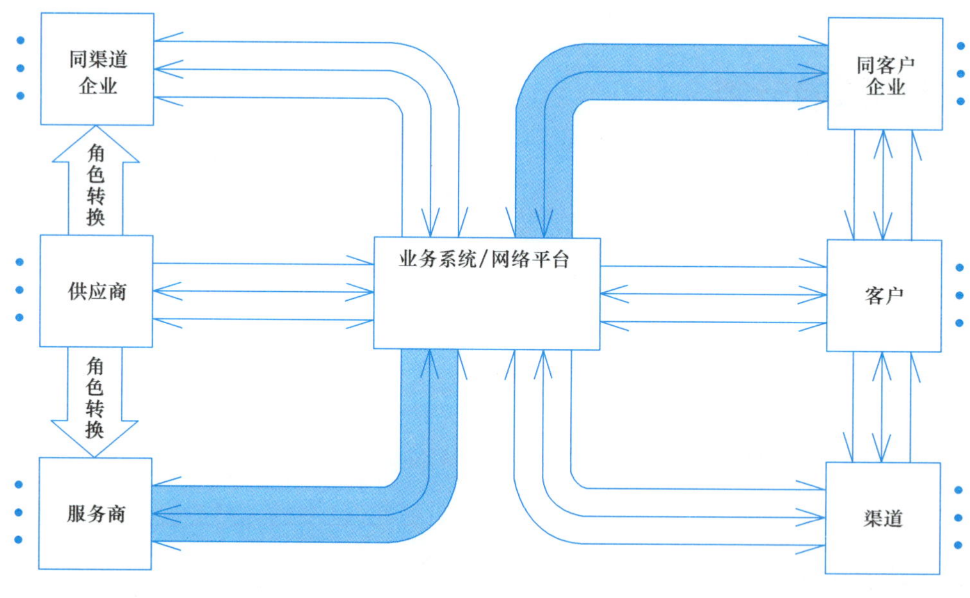

图 2—3　企业利益相关者

4.2　交易内容设定

设定交易内容是盈利模式设计的关键，也是企业日常经营活动的主体。它包含一切在利益相关者之间的产品或服务、信息及其他各项资源的流转及流转方向，这关系到下一步设计盈利来源时的资金流向。

4.2.1 企业与客户的交易内容

一般情况下，企业与客户之间的交易内容多表现为企业为客户提供产品或服务，另外也存在客户为企业提供产品建议、定制要求、市场信息、使用或体验反馈等，这些都属于企业与客户之间的交易内容。

4.2.2 企业与供应商的交易内容

正常情况下，企业与供应商之间的交易内容有产品、服务、产品原料、开发等，同时也存在产品信息、定制信息、市场信息等方面的交易。

4.2.3 企业与渠道的交易内容

在市场上，企业与渠道之间常见的交易内容有产品、服务、原材料、管理体系、品牌授权、合资、人员培训、人才派遣、装修及各类信息等。

4.2.4 企业与同渠道企业的交易内容

企业与同渠道企业之间的交易内容主要有产品、服务、原材料、管理体系、品牌使用、场地、人员、装修、售后服务、广告宣传、渠道借用等。

4.2.5 企业与服务商的交易内容

企业与服务商之间的交易内容多为资讯、研发、专业服务（法律、财务、营销等）、人才服务（培训、派遣等）、产品服务（设计、售后服务等）、代工、物流、资金等服务于企业或企业业务的内容。

4.2.6 企业与同客户企业的交易内容

企业与同客户企业之间的交易内容有广告、业务成果、信息、资讯、客户资源、荣誉、冠名、展示、资金等。

企业与各利益相关者之间的交易内容千变万化，企业运营过程中应该不断地总结、综合、梳理，以分类研究为基点，探求、强化更多的交易内容，实现错位竞争，以强化企业的生存能力。

4.3 交易收益设计

一家企业的收入来源大致包括补贴性收入、投资性收益、营业外收入、主营业务收入及非主营业务收入五种。

基于交易内容的不同，交易收益存在多种可能性，比如某饮水机生产厂家向客户提供饮水机，如其交易内容为销售产品则收益为饮水机的费用，如其交易内容为租赁产品则收益可能就是饮水机的租赁费用，也可能放弃租赁费用改为收取饮水机的维护与配件更换费用。

一般情况下，基于交易内容可能产生的交易收益分为以下八类。

4.3.1 产品类

产品类交易收益是指企业直接售卖产品或服务获取的收益，如销售饮料收取饮料钱、提供培训课程收取培训费等。

4.3.2 租赁类

租赁类交易收益是指企业租赁产品而获取的收益，如租赁场地收取租金、共享单车收取车费等。

4.3.3 行为类

行为类交易收益是指企业在经营的过程中提供某项行为服务而获取的收益，如在本企业的 App 上提供广告宣传而收广告费、因销售而获取的提成等。

4.3.4 管理类

管理类交易收益是指企业提供管理服务而获取的收益，如品牌授权使用费用、管理费用、会员费用等。

4.3.5 信息类

信息类交易收益是指企业提供信息、客户资源等而获取的收益，如提供情报信息收费、提供中介服务收费等。

4.3.6 资金类

资金类交易收益是指企业对外投资等获取的收益，如投资项目、资金外借等。

4.3.7 政策类

政策类交易收益是指企业举办政策性支持项目、供应商政策性返利等而获取的收益。

4.3.8 其他

此类即除上述 7 种明确界定的收益之外的企业收益。

4.4 网络平台建设

经过交易对象分类、交易内容设定、交易收益设计三步后，企业盈利模式已基本成型，为进一步实现信息交互，应选择或构建适用于盈利模式的网络平台。

网络平台建设要“以用户为中心”，基于用户体验进行。

4.4.1 用户体验

用户体验，在 ISO 9241—210 标准中是这么定义的，人们对于针对使用或期望使用的产品、系统或服务的认知印象和回应。也就是说，用户体验就是用户在使用前、使用中、使用后的全方位感受，包括情感、信仰、认知、生理及心理反应、行为等各个方面。

用户使用平台时的体验大致可分为以下三个类别。

（1）感观体验

感观体验即呈现给用户视听上的体验，强调舒适性。一般通过背景声音、图像、文字内容、网站色彩及布局等方面呈现。

（2）交互体验

交互体验即界面给用户带来的使用、交流过程的体验，强调互动、交互特性。交互体验贯穿用户浏览、点击、输入、输出等整个过程。

（3）情感体验

情感体验即用户心理上的体验，强调心理认可度。如果用户通过平台认同、抒发自己的内在情感，就说明用户体验效果较深。情感体验的升华是口碑的传播，形成一种高度的情感认可效应。

4.4.2 平台建设要点

平台建设要围绕用户体验展开，达到让使用者觉得有用、易用、好用、爱用的目的。很多企业的网络平台成了一个陈列品，开发完成后没有为企业带来任何效益，这是巨大的浪费。如何建设一个用户喜欢的平台并能让平台为企业带来效益，从经验看来，有以下 3 大项 12 点。

（1）基于用户感观体验

建设网络平台时，用户感观体验主要表现在以下四点。

一是登录要容易。不论是注册登录，还是授权登录，抑或是手机验证码登录，都要求操作简便。如网站要求用户在授权登录时进行注册并使用手机验证码，手续太过烦琐，在这种情况下，大部分人就会选择退出，除非有必须要登录的理由。而从数据收集整理角度来看，此信息为重复信息，完全没有任何必要。

二是感觉要统一。所谓感觉统一是指进入平台后的各界面构图风格、配备色彩要统一，背景音乐要与界面风格一致。比如设计成古典风格，相应的色彩可能会以深红色或酱紫色为主，音乐则以古典音乐为主。而且，风格、色彩、音乐等主要根据产品性质与用户定位来选择和确定。

三是栏目要清晰。设置栏目时一定要坚持清晰分明。比如，某平台设置有时事要闻，还设置了一个今日头条，功能重复。另外，栏目设置不要过于庞大，要紧紧围绕企业及企业产品展开，如设置企业简介是必要的，而设置主要人物介绍对很多企业来说就不是必要的，够用就好。

四是功能要简洁。现在社会上网络平台越来越多，用户的迁移性是相当高的，任何一个平台功能再齐全也不可能牢牢锁住用户，相反，功能简单易操作的平台反而受到用户的青睐，究其原因就是用户并不喜欢功能烦琐复杂的平台。仔细想想我们自己在用某个平台时是否会用到所有的功能呢？事实上，我们只是用平台中的那几个功能而已。所以，我们会看到越来越多的平台把很多用户使用频率较低的功能放到“更多……”栏目中去了。

（2）基于用户交互体验

建设网络平台时，用户交互体验主要表现在以下四点。

一是页面要轻便。页面轻便实际就是指刷新速度要快。当你打开某家企业平台时常常会碰到打开后页面半天出不来的情况，用户体验不佳。所以，企业在做平台页面时一定要框架合理、内容简洁，特别是图片处理要做到既清晰，文件又小，一张 100 K 大小的图片的刷新速度显然要快于一张 2 M 大小的图片。

二是操作要便捷。每个界面中的链接区或按钮一定要样式醒目且位置适合。比如，一篇文章看到底，把唯一的“下一页”按钮放在了页面顶端，这样显然是不行的。

三是搜索要精准。所谓搜索要精准，实际指的是关键词设置要准确，只有这样才能精准地搜索到所需要内容。

四是互动要及时。对于用户在使用平台的过程中所做出的操作、所提出的问题、所提交的评价等都必须要在第一时间响应。现在越来越多的网站平台使用机器人智能回复，就是在大量用户操作、提问基础上进行提炼、归类，让机器人客服能够识别并在第一时间做出响应。

（3）基于用户情感体验

建设网络平台时，用户情感体验主要表现在以下四点。

一是信任要营造。一般情况下，用户在网上购买某种商品时，都会看一看销量、看一看评价，如果这款商品月销量是 3，用户心里肯定打鼓，如果这款商品月销量是 2 500，用户下单的概率就会大大增加。原因很简单，是从众心理打消了用户的顾虑。再如，在订购商品页面显示大量其他购买者的购买信息，也会增加浏览者的购买信心，甚至没有购买打算的浏览者看到大家的举动也会参与其中。另外，也可以用权威的推荐及证明材料来打消用户的顾虑，如展示专家推荐、相关机构推荐及认证材料等。

二是信息要推送。网站平台开发、运营始终围绕如何提升流量这个中心展开。平台信息的发送存在两种状态，一种是信息等人来看，另一种是信息送给人看。前者被动，后者主动。比如，进入淘宝后所看到的页面信息以及弹出的信息都是用户感兴趣的，这就大大地提升了用户使用过程中对平台的情感，也同样提升了其浏览、购买的概率。

三是个性要彰显。构建平台过程中一定要注意给用户留一块自由发挥的区域，让其能够在这个区域中尽情发挥自己或发泄自己，让用户有存在的感觉。比如，很多平台中都设有论坛、发言区或用户社区等。

四是特权要赋予。指的是对平台用户要进行相应等级管理，并给出升级路线，对每个等级都赋予相应的等级特权，这是增强用户黏性的很主要的手段。不论是阿里巴巴平台，还是腾讯平台，抑或是百度平台，都具有很好的用户等级及升级系统，可以充分激发人内心的欲望。

4.4.3 用户数据

用户数据是企业的重要资源之一，依托网络平台通过营销、服务等与客户充分互动可实现用户信息的采集；利用用户数据深度分析客户的需求、偏好及行为模式，可以更好地优化组织体系和业务流程，提高客户满意度和忠诚度，更好地满足客户需求，最终实现客户价值最大化和企业价值最大化之间的合理平衡。用户数据存在于企业运营的各个环节并为商业决策提供数据支持。

为充分做好用户数据采集与分析，可从以下几个方面进行考虑，如图 2—4 所示。

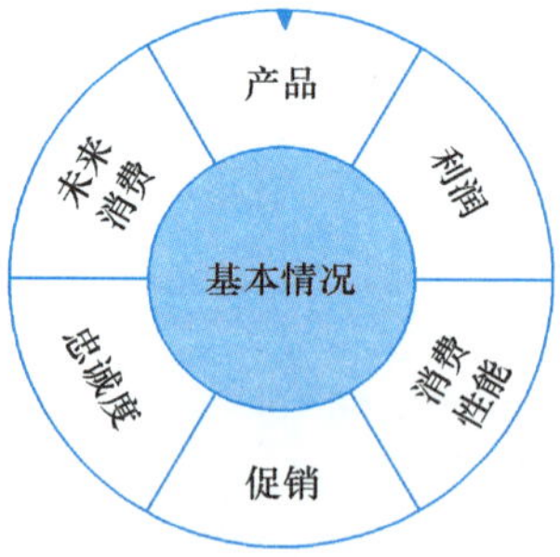

图 2—4 用户数据结构示意图

- 基本情况，包括用户的姓名、性别、年龄、职业、住址、层次、风险、爱好、习惯等。
- 产品，包括用户所购买产品的设计、关联性、供应链等。
- 利润，指用户所消费产品为企业带来的边缘利润、总利润额、净利润等。
- 消费性能，指按种类、渠道、销售地点等指标划分的客户所消费产品的销售额。
- 促销，指对用户所喜欢的广告、宣传等促销活动的分析与管理。
- 忠诚度，指用户对某个产品或商业机构的忠实程度、持久性、变动情况等。
- 未来消费，指通过用户消费产品数量、金额、类别等情况判断其未来的消费发展趋势，探寻争取用户的手段。

实训画布任务 4

盈利模式

1. 画布模型

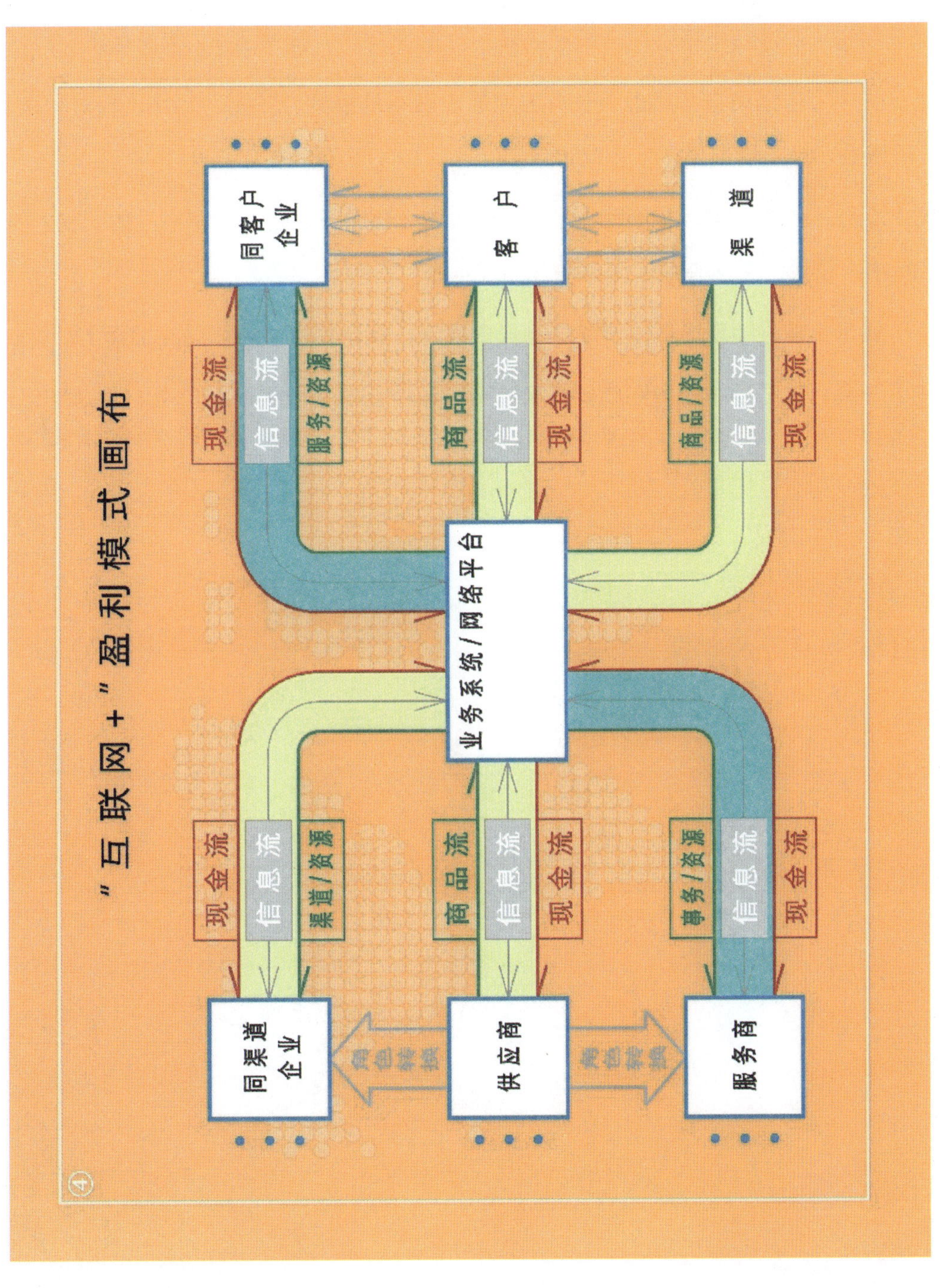

2. 画布实训步骤

（1）开会：由组长召集组员开会，并指定本次会议记录人。

（2）商讨：在组长的领导下，按顺序讨论画布中要求完成的事项——交易对象定位并罗列、交易内容界定并罗列、交易收费项目设计并罗列、企业网络平台建设功能架构，并形成初稿。

（3）审查：提交初稿给讲师审查，审查后内容记入会议记录。

（4）物资：向讲师申领彩笔、制图工具、方形便利贴、画布或 A2 幅面白纸。

（5）分工：由组员自荐或由组长分配完成此画布的校稿、绘图、写字、校对、美化、张贴等各项事务，分工情况要记入会议记录。

（6）绘制：在讲师规定的时间内，在组长的统一协调下，按讲师审查后的初稿，按画线、绘图、写字、校对、美化等顺序团队协作完成画布。

（7）展示：按讲师现场具体要求进行画布展示，展示后将画布张贴在墙面上。

（8）开会：总结画布任务完成要点及任务过程中团队协作的不足之处，将总结记入会议记录。

3. 画布实训示例

④
"互联网+"盈利模式画布
入驻平台商城的商家
原料供应商
智能产品代工厂
凤飞健康安全监控管理平台
政府或以学校为客户的单位
地方教育主管部门学校父母
有学校渠道的商家或个人
收平台入驻费用及销售提成
信息流
管理平台商城
原料
支出原料成本或服务分成
委托加工
支出代工费用或服务分成
收补贴或信息费
代为宣传
智能产品及平台服务
订制
产品收入及服务收入
品牌授权及智能产品
管理费、产品收入服务收入

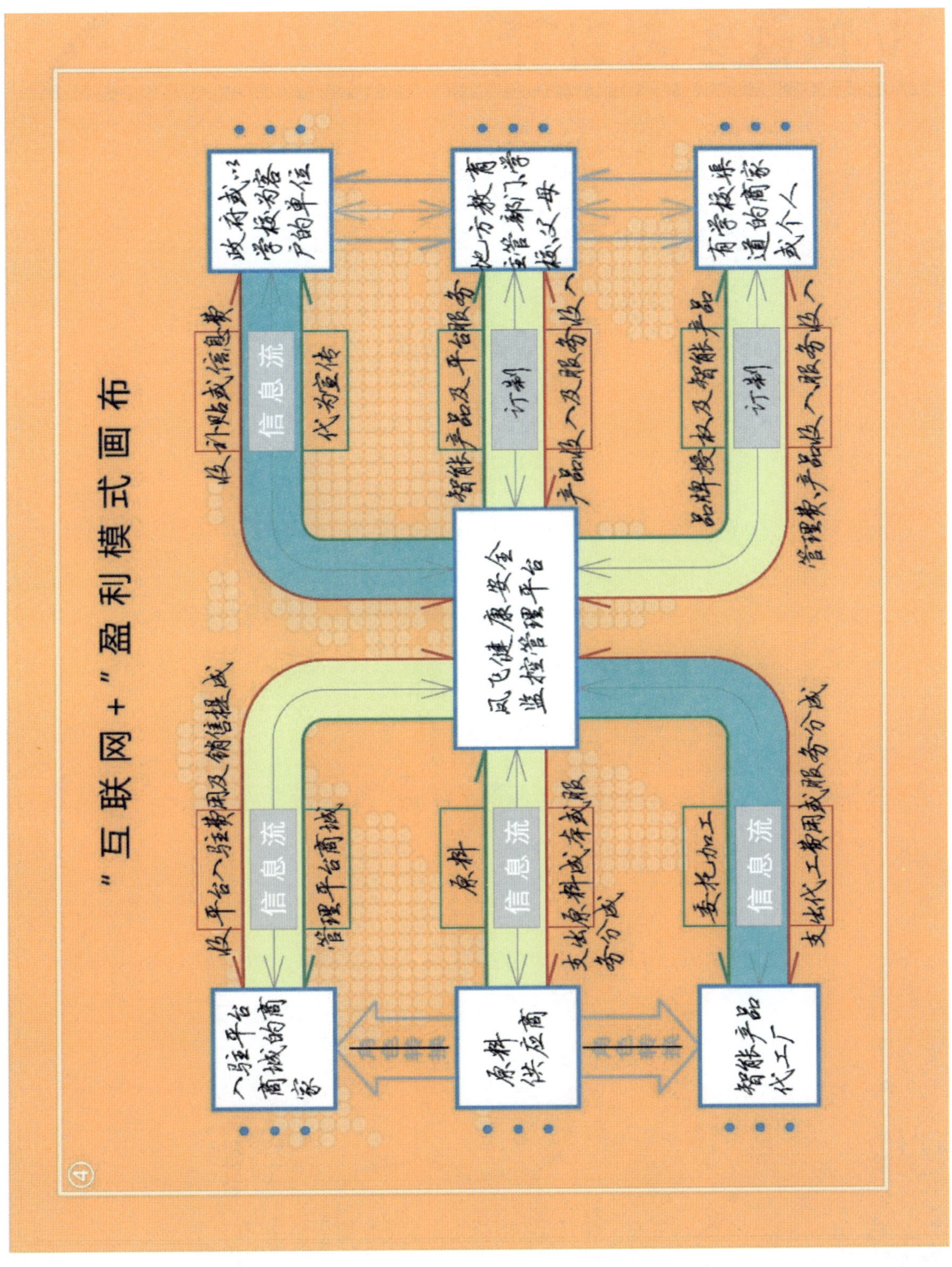

第 2 单元

回顾及学习自评

【知识回顾】

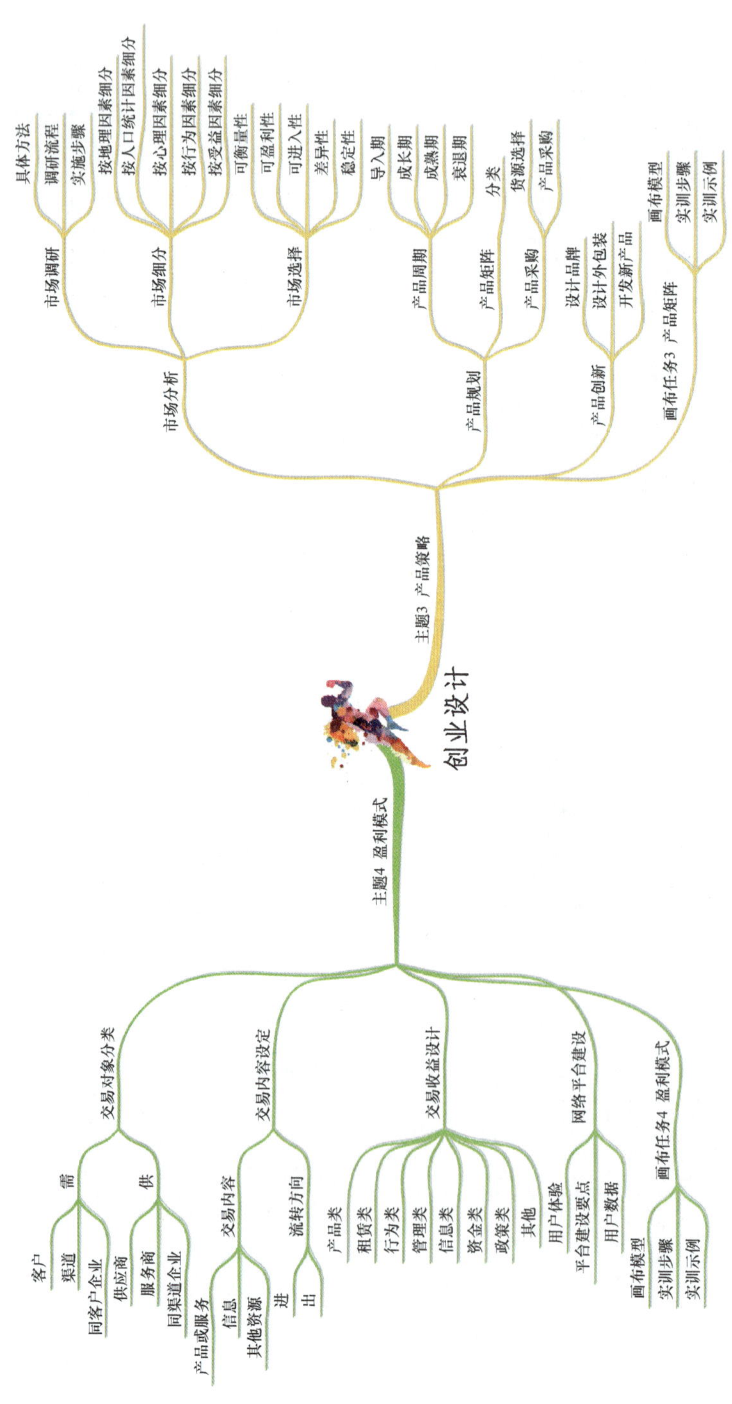

【学习自评】

第3单元 企业运营

前面我们已经产生了创业的初步构想、设计了具体产品及相应的盈利模式，一个项目的雏形已经形成。接下来要考虑的就是如何将之付诸实施。首先要考虑的就是人的问题及人的管理问题，这也是很多初创企业最头疼的事情；其次要考虑产品销售的问题，这是很多初创企业最有信心却最迷茫的事情；最后要考虑客户服务的问题，毫不客气地讲这是很多初创企业包括老牌企业最不重视、最薄弱的环节。创业者在本单元可详细学习并实践企业运营中关于企业创立、营销策划、客户服务的知识和技能，从而做到科学规范团队、严谨规划流程、有序开展工作并大力开发客户价值。

主题 5

企业创立

5.1 团队组建

5.1.1 团队组建要素

（1）创业目标（purpose）

创业团队应有明确的目标，目标引导团队成员的思想和行为。没有目标，团队就没有存在的价值。

（2）创业人员（people）

人是创业团队中最核心的力量，三个或者三个以上的人可以构成团队。

创业目标依靠人员实现，所以人员的选择是创业团队中非常重要的一个部分。在一个团队中可能需要有人出主意，有人订计划，有人实施，有人组织协调，还有人监督团队工作的进展，评价团队最终的贡献，不同的人通过完成各自的分工任务来实现团队的目标。因此，在人员选择方面要考虑到人员的知识、能力和经验水平，人员之间的技能是否互补等。

（3）团队定位（place）

创业团队的定位包含两层意思：一是团队的定位，确定团队在企业中处于什么位置、由谁选择和决定团队的成员、团队最终应对谁负责等；二是个体的定位，对团队成员进行明确分工，确定各自承担的责任。

（4）权限（power）

在创业团队中，一是团队领导人的权力，团队领导人的权力大小与创业团队的发展阶段相关，一般来说，在创业团队发展初期，领导权相对集中，团队越成熟，领导者拥有的权力相应越小；二是团队权力，要确定整个团队在组织中拥有什么权力，如财务决定权、人事决定权等。

（5）计划（plan）

计划是对达到目标所做出的安排，是未来行动的方案，可以把计划理解成目标实施的具体工作程序。

5.1.2 基本原则

（1）合伙人、团队原则

一般企业招聘的都是员工，员工都是在做“工作”，但创业团队需要招聘的是“合伙人”，因为合伙人做的是事业。一个人只有把工作当作事业才有成功的可能，一个企业只有把员工当作“合伙人”才有机会迅速成长，所以，创业团队要先设定利益分配分享机制，然后去找自己的“合伙人”。

团队是企业凝聚力的基础，成员能够同甘共苦，经营成果能够公开且合理分享，团队就会形成坚强的凝聚力与一体感。

团队中没有个人英雄主义，每一位成员的价值表现为其对于团队整体价值的贡献。每一位成员都应将团队利益置于个人利益之上，个人利益是建立在团队利益基础上的。因此，成员要能勇于牺牲短期个人利益来换取长期的成功果实，不计较短期薪资、福利、津贴等，将利益分享放在成功之后。这样的团队成功的希望才更大。

（2）目标明确、合理原则

首先，目标必须明确，这样才能使团队成员清楚地认识到共同的奋斗方向是什么。其次，目标必须合理、可行，这样才能真正达到激励的目的。

（3）优势互补原则

建立优势互补的团队是创业成功的关键。“主内”与“主外”的不同人才，耐心的“总管”和具有战略眼光的“领袖”，技术与市场两方面的人才，都不可偏废。创业者寻找团队成员，首先要弥补当前成员能力上的不足，要针对创业目标与当前能力的差距，寻找所需要的配套成员。好的创业团队，成员间的能力通常都能形成良好的互补，而这种能力互补也会有助于强化团队成员间彼此的合作。

（4）精简高效原则

为了减少创业期的运作成本、最大比例地分享成果，创业团队人员构成应在保证企业能高效运作的前提下尽量精简。

（5）动态开放原则

创业过程充满了不确定性，团队中可能因为能力、观念等多种原因不断有人离开，同时也不断有人要求加入。因此，组建创业团队时，应注意保持团队的动态性和开放性，使真正完美匹配的人员能被吸纳到创业团队中来。

5.1.3 角色构成

一家创业公司最关键的是团队本身的人员配置和创新能力，综合近年来成功的“互联网 +”项目，发现具备以下能力的人不可或缺。

（1）懂形象，能审美

一家企业不管大小必须时刻注意自己的形象，就像一个人一样要注意自己的衣着装扮、行为举止。企业的网站、平台、形象系统、宣传册、PPT 等无一不是企业的脸面。企业理应有具备审美能力的人把好这个关，才能使企业显得“高大上”。

（2）懂产品，敢创新

对一家企业而言，产品永远是核心。能够懂得企业的产品、懂得市场上类似产品、懂得客户眼中所需的产品、懂得替代产品、懂得潜在竞争产品，更懂得并敢于用各种先进技术去改造产品，甚至还懂得建立以某产品为中心的生态圈原理的人才必定是众企业争抢的对象。

（3）懂营销，精实战

曾有人说，懂营销的人也许很多，但精于实战的人少之又少，而对于营销实战来说，八分在规划二分在执行。营销实战就像一场战役，能否取胜，很多时候并不取决于作战人员的英勇程度，而是取决于谋划是否周全与精确。对于企业来讲，往往因为结果导向执行的偏激而使得谋划工作被轻视了。重视营销的流程建设、计划制订、监督执行、困难分解、经验成文、仿真训练等才是营销实战突破性提高的根本，而懂得如何加强这些工作的人才真正精于团队培养、精于实战。

（4）懂人心，会调节

初创企业可以没有豪华的办公环境，可以没有完善的管理规范和福利制度，但应该有人性化的关怀。如果企业中有一位可以善解人意的行政经理，可以在工作中时刻关怀和爱护员工，可以在制度和规范之外，给予员工适当的人性化管理，可以营造一种让员工在企业中可以自由呼吸、荣辱与共的工作氛围，那么无疑会大大提升员工的积极性，也许高效率的工作和无穷尽的创意也会随之而来。

（5）懂运营，善激发

初创企业能否成功，最重要的是老板，是掌舵的人。老板应当懂得运营，能把企业的人管理好，把各项工作管理好，把企业的产品、文化和品牌传播好，这也是企业生存与发展的需求。

初创企业大多规模比较小，老板的管理方式甚至一言一行，很容易影响和感染员工。作为老板一定要善于观察周围的人、事、物，能够将感性的关怀渗透到理性的工作中，懂得信任和授权，善于调动、激发员工的积极性、主动性和创造性来提高团队的执行力。

5.1.4 团队组建程序

创业团队的组建是一个相当复杂的过程，不同类型的创业项目所需的团队不一样，创建步骤也不完全相同。概括来讲，大致的组建程序如下。

（1）明确创业目标

创业企业在设立之前应该有大致的价值诉求定位（具体就是指产品）与发展目标定位，简单地说就是干什么与什么时间干到什么程度的问题，只有明确了这两点才能够进行相应的创业计划制订。

（2）制订创业计划

在确定了经营什么、发展目标以及各时间阶段性子目标之后，紧接着就要研究如何实现这些目标，这就需要制订周密的创业计划。创业计划是在对创业目标进行具体分解的基础上，以团队为整体来考虑的，它确定了在不同的创业阶段需要完成的任务及目标，通过逐步实现这些子目标来最终实现总的创业目标。

（3）招募合适人员

一般而言，创业团队至少需要营销、管理和技术三个方面的人才。只有这三个方面的人才形成良好的沟通协作关系，创业团队才可能实现稳定高效运作。另外，在招募人员时还要关注两点：一是成员在能力或技术上的互补性，这种互补性形成既有助于强化团队成员间彼此的合作，又能保证整个团队的战斗力，更好地发挥团队的作用；二是人员的规模，一般建议创始团队成员在 4~7 人，根据项目的不同灵活处置。

（4）划分权责范围

在团队内部进行权责的划分可以保证团队成员顺利开展各项工作。创业团队的权责划分就是根据执行创业计划的需要，具体确定每个团队成员所要担负的职责以及相应所享有的权限。划分权责范围既要避免权责的重叠和交叉，也要避免权责无人承担造成工作上的疏漏。此外，由于企业还处于创业过程中，面临的创业环境又是动态复杂的，会不断出现新的问题，团队成员可能不断出现更换，所以必须要做到的是因事设岗，而不是因人设岗。

（5）调整融合团队

团队调整融合也应是一个动态持续的过程。一个完美创业团队并非创业一开始就能建立起来的，而是在企业创立一定时间以后随着企业的发展逐步形成的。随着团队的运作，团队组建时在人员匹配、制度设计、权责划分等方面的不合理之处会逐渐暴露出来，只有经过调整融合，不合理之处才会越来越少。

在进行团队调整融合的过程中，最为重要的是要保证团队成员间进行持续有效的沟通与协调，培养并强化团队精神，提升团队士气。

5.2　企业注册

5.2.1　注册一般流程

（1）填写《企业名称预先核准申请书》，领取《企业名称预先核准通知书》。该工作可在当地工商管理部门指定网站完成。

（2）依据工商管理部门申请材料清单准备齐全并递交申请。

（3）通过审核领取《准予设立登记通知书》并刻章备案。

（4）开验资户验资，完成公司注册资金验资手续，对于符合认缴条件的注册申请可省略此步骤。

（5）领取营业执照（五证合一）。

（6）办理银行基本账户、纳税账户等。

（7)办理税种登记、税种核定、印花税、纳税人认定、办税员认定、发票认购等各种手续。

五证合一，是指 2016 年 10 月 1 日起，我国全面实施“五证合一、一照一码”登记制度，企业无须再单独办理组织机构代码证、税务登记证、社会保险登记证、统计登记证，只需要办理加载印有统一社会信用代码二维码的营业执照即可。对于个体工商登记时，工商税务两证合一。

登记完成后可在企业信用信息公示系统网站上查询，查询网址为 http://www.gsxt.gov.cn。

5.2.2 注册过程一般涉及费用

（1）核名：免费（付 30 元可检索 5 个名称）。

（2）开验资户：0 元。

（3）银行询证费：0 ~ 500 元（以银行为准，认缴制不需要）。

（4）验资报告：500 ~ 1 500 元（认缴制不需要）。

（5）工商等证照：免费（以当地收费标准为准）。

（6）刻章：600 ~ 900 元。

（7）开基本户：800 ~ 1 500 元（以银行收费为准）。

（8）注册地址（挂靠）：1 000 ~ 1 500 元 / 年。

以上费用会根据地区不同、协商不同有所变动。

5.3 组织结构

5.3.1 组织结构类型

组织结构既是企业资源与权力分配的载体，又是企业信息传输的路径。目标制定、战略调整都是从组织开始的。通俗地讲，组织结构就是为实现企业战略目标而采取的工作任务分组、分工与协作及信息传输的动态体系，它随着企业战略的变化而进行调整。

常见组织结构形式有以下六种。

（1）U 型组织结构（见图 3—1）

U 型组织结构按照职能划分部门，由高层统一指挥，也称一元结构，是最早、最简单、最普遍的组织结构，是现代企业最为基础的结构，其特点是管理层级的集中控制。

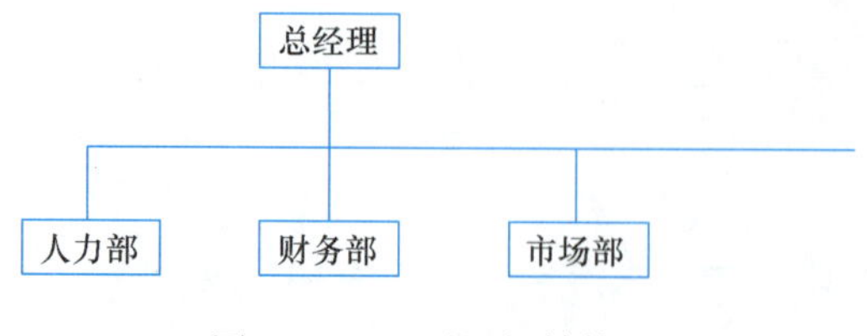

图 3—1 U 型组织结构图

（2）M型组织结构（见图 3—2）

M 型即事业部制，非独立法人实体形式。

超级事业部是以事业部变大后内部员工又分出若干组，无其他变化。

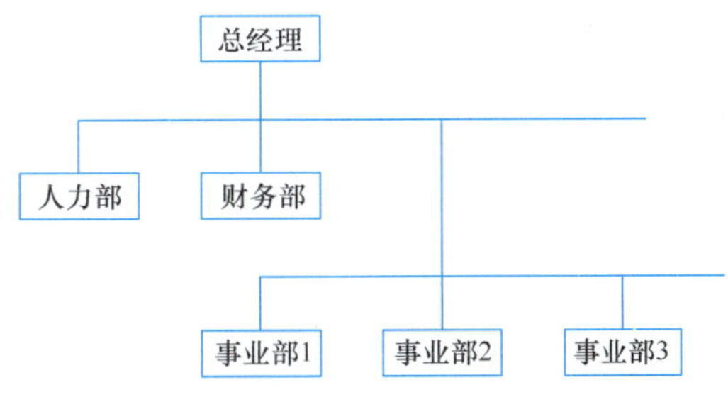

图 3—2　M 型组织结构图

（3）模拟分权组织结构（见图 3—3）

介于 U 型与 M 型之间，U 型组织发展到一定规模，又达不到 M 型的规模时所采取的类似事业部的结构，非完全权限的项目部独立形式。

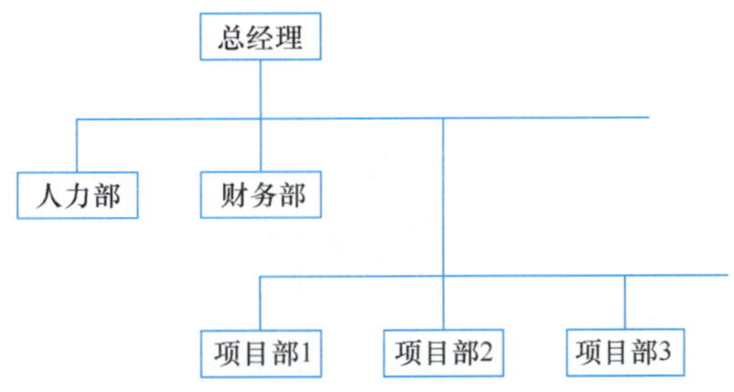

图 3—3　模拟分权组织结构图

（4）H 型组织结构（见图 3—4）

多个法人单位的稽核子公司是法人实体。

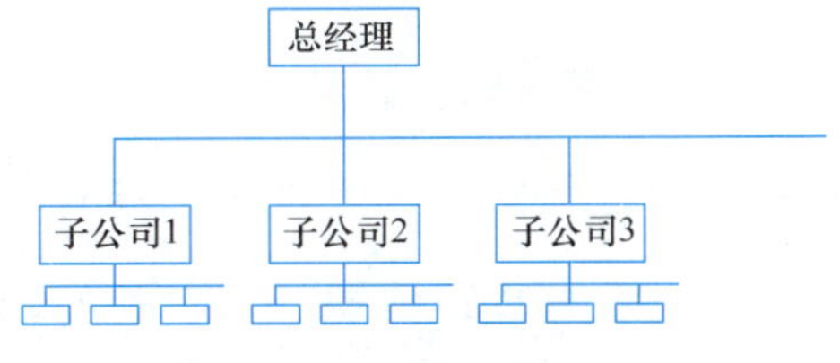

图 3—4　H 型组织结构图

（5）矩阵型组织结构（见图 3—5）

按项目组建小组，组织人员由各职业职能部门抽调组成，接受小组与部门双重领导，形式固定，人员变动，克服了部门间脱节的现象。

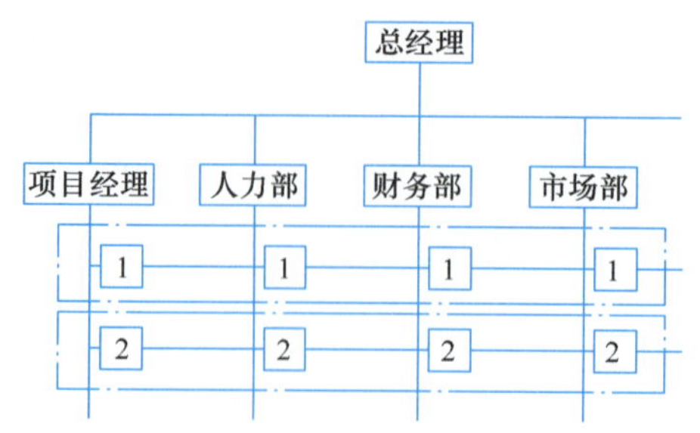

图 3—5 矩阵型组织结构图

（6）SBU 战略单元结构（见图 3—6）

内部各职能单元间形成业务往来关系，每个单元均被视为一个运营策划相对独立的单位，且可对外经营。阿米巴经营模式的组织结构也可归为这种类型。

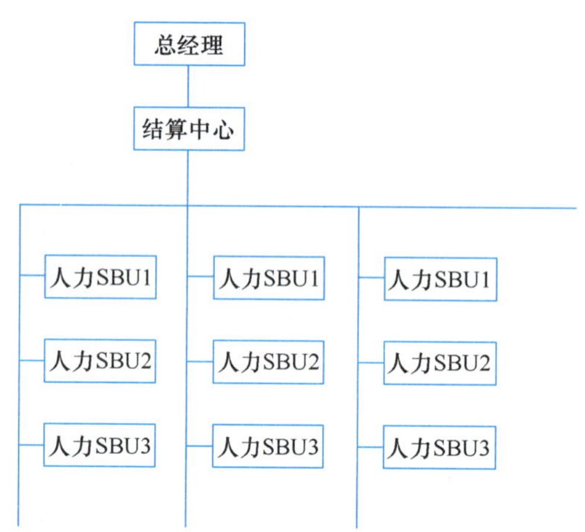

图 3—6 SBU 单元型组织结构图

一个完备的组织结构具有决策、指挥、参谋、执行、监督、反馈等功能，设置上将向扁平化、网络化、项目化、虚拟化发展。

创业开始时，基本都是老板在指挥下属去做某事，尽管许多人都有自己的岗位，但实质依然是老板根据每件事情发生的过程安排人去做事，具有很大的随机性，与岗位无本质关系，这就是流程性用人管人，没有真正的职、权、利的划分。创业企业发展到一定规模后，老板的权力不可避免地要发生改变，职、权、利关系必须梳理清楚，必须在制定共通流程的基础上实现定岗，也就是形成组织结构。想要真正设计好企业的组织结构需人力资源专业人士从专业细化、部门规划、权力路径、控制跨度、集权分权等方面结合企业业务特征进行全面考虑。

5.3.2 部门及岗位设置

部门设置就是根据实际工作需要，科学、系统化地进行职能部门的合理配置，再根据各部门工作任务配置合适的岗位，以满足企业正常运营的需要。部门及岗位设置都要符合下列基本要求：

（1）符合“最低数量原则”，即以最少的部门、岗位数量来承担企业中尽可能多的工作。

（2）部门与部门之间、岗位与岗位之间都应该实现最有效的配合。

（3）每个部门、岗位被设置之后，它在企业里应该发挥积极的作用，和其他部门、岗位间的关系应该非常协调。

任何一家企业至少会存在以下四类部门及相应岗位，即总经理、人力资源部门、财务部门、市场部门。根据企业业务的不同，还会有各种围绕业务开展而另外设立的部门。

5.3.3 岗位职责

岗位职责是指一个岗位所要求完成的工作内容以及应当承担的责任范围。岗位，是组织为完成某项任务而确立的，由工种、职务、职称和等级内容组成。职责，是职务与责任的统一，由授权范围和相应的责任两部分组成。

一份完整的岗位职责应该包括岗位名称、直接上级、下属部门、部门性质、管理权限、管理职能、主要职责。

制定岗位职责需经过以下几个步骤：

（1）根据工作任务的需要确立工作岗位名称。

（2）根据岗位工种确定岗位职务范围。

（3）根据工种性质确定岗位使用的设备、工具、工作质量和效率。

（4）明确岗位环境和确定岗位任职资格。

（5）确定各个岗位之间的关系。

（6）根据岗位的性质明确实现岗位目标的责任。

5.4 制度体系建设

创业团队制度体系的设计体现了创业团队对成员的控制和激励能力，主要包括团队的各种约束制度和各种激励制度的设计。

一方面，创业团队通过各种约束制度（主要包括纪律条例、组织条例、财务条例、保密条例等）监督团队成员，避免其做出不利于团队发展的行为，实现对其行为有效的约束，保证团队的稳定秩序。

另一方面，创业团队要实现高效运作，要建立有效的激励制度（主要包括利益分配方案、奖惩制度、考核标准、激励措施等），才能使团队成员看到随着创业目标的实现，其自身利益将会得到怎样的改变，从而达到充分调动成员积极性、最大限度发挥团队成员作用的目的。要实现有效的激励首先就必须把成员的收益模式界定清楚，尤其是关于股权、奖惩等与团队成员利益密切相关的事宜。

需要注意的是，创业团队的制度体系应以规范化的书面形式确定下来，以免产生不必要的混乱。

实训画布任务 5

企业创立

1. 画布模型

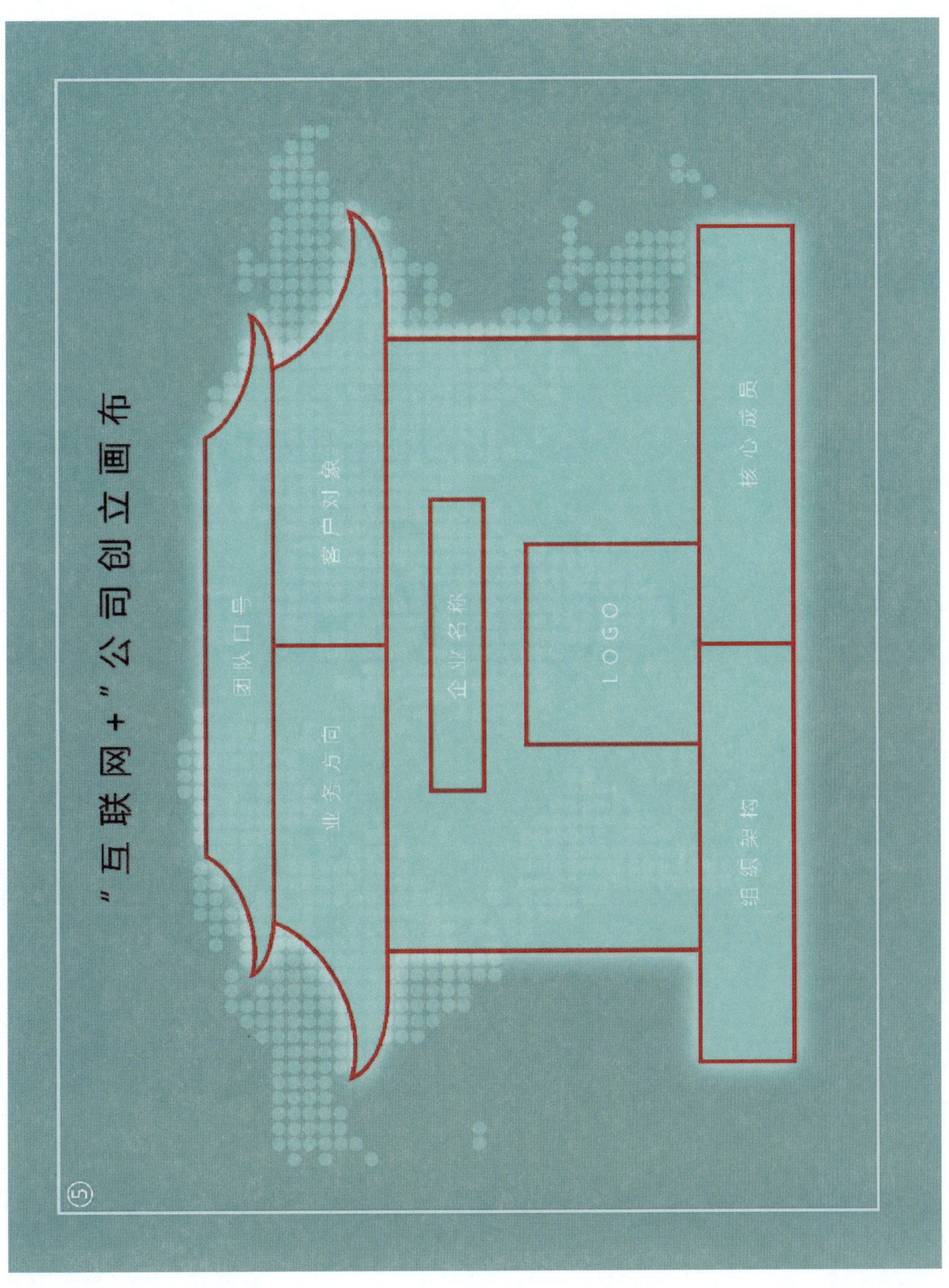

2. 画布实训步骤

（1）开会：由组长召集组员开会，并指定本次会议记录人。

（2）商讨：在组长的领导下，按顺序讨论画布中要求完成的事项——企业名称、业务方向、客户对象、组织结构、企业 Logo（核心成员、团队口号引用团队组建画布中内容或重新确定），并形成初稿。

（3）审查：提交初稿给讲师审查，审查后内容记入会议记录。

（4）物资：向讲师申领彩笔、制图工具、方形便利贴、画布或 A2 幅面白纸。

（5）分工：由组员自荐或由组长分配完成此画布的校稿、绘图、写字、校对、美化、张贴等各项事务，分工情况要记入会议记录。

（6）绘制：在讲师规定的时间内，在组长的统一协调下，按讲师审查后的初稿，按画线、绘图、写字、校对、美化等顺序团队协作完成画布。

（7）展示：按讲师要求进行画布展示，展示后将画布张贴在墙面上。

（8）开会：总结图板任务完成要点及任务过程中团队协作的不足之处，将总结记入会议记录。

3. 画布实训示例

"互联网+"公司创立画布
风引智能 学习为伍 健康快乐 安全贴心
智能校服 健康安全平台服务
教育主管部门、学校、父母
湖南商风引健康安全智能管理有限公司
企业名称
总经理、财务部、人事部、市场部、技术部、服务部
赵一、钱二、孙三、李四、周五、吴六
⑤

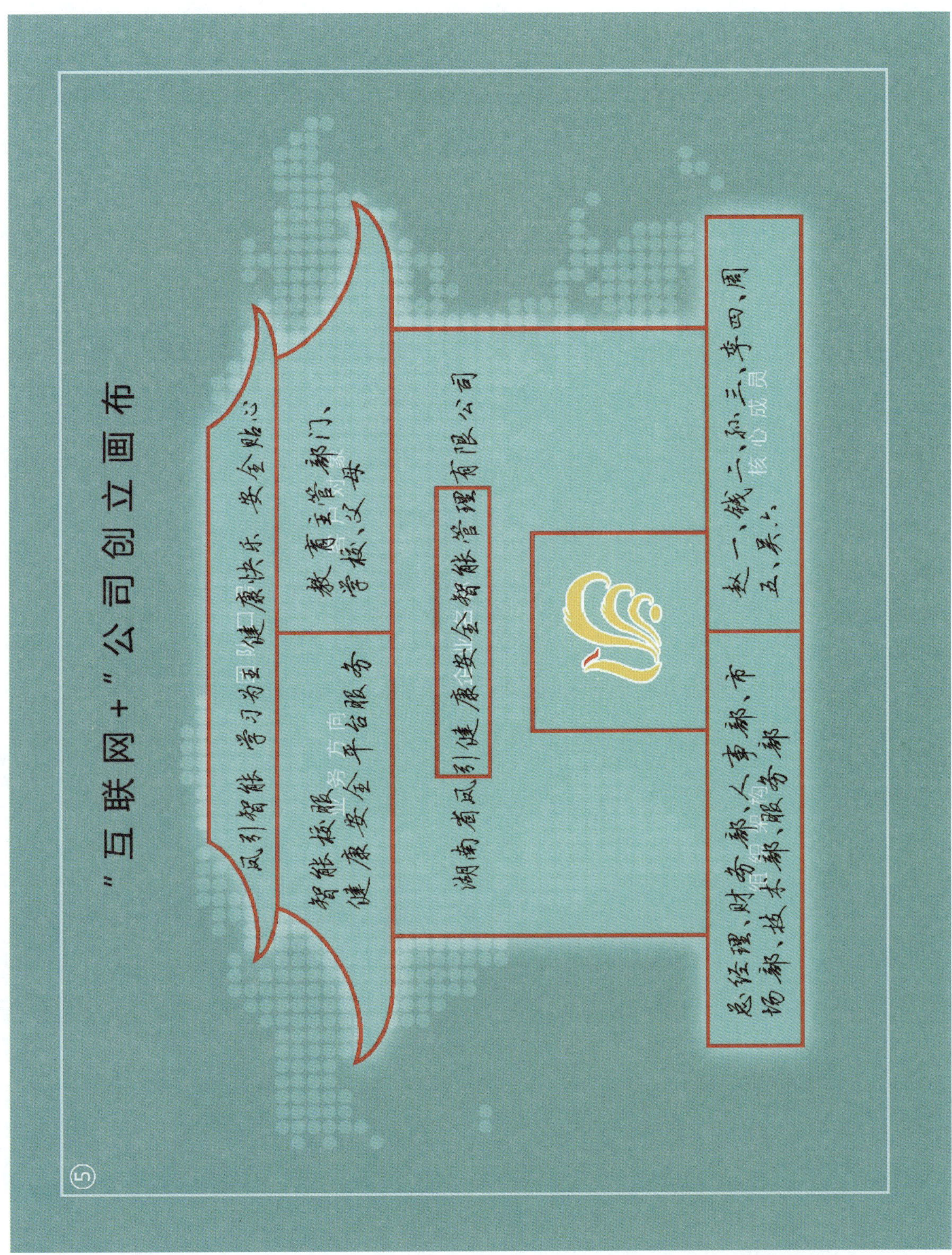

主题 6

营销规划

营销规划是企业经营的重要环节，具体包括规划营销工作流程（O2O 营销流程）、营销广告宣传（信息传递通道）、渠道建设（产品传递通道）、销售平台运营（电商平台）等工作。

6.1 营销工作流程

这里主要介绍 O2O 营销流程。

O2O 营销流程是指商业活动营销、体验、支付、交付、服务等各环节的线上与线下有机结合的业务操作流程。其中，线上与线下，一主一辅、互为补充，其目的是完成营销、体验、支付、交付、服务五个环节的O2O 闭环，如图3—7 所示，从而实现客户信息追踪、产品信息追踪、行为互动痕迹追踪等，最终完成各种数据的聚合与分析，为企业做出各种决策提供数据支撑。

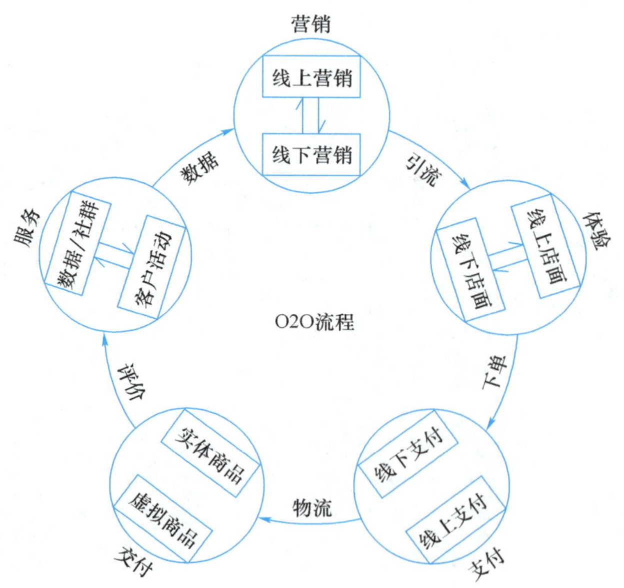

图 3—7 O2O 营销流程示意图

6.2 营销广告宣传

营销广告宣传是指为了某种设定的需要，通过一定形式的媒体，公开而广泛地向公众传递企业信息、产品信息或服务信息。

6.2.1 营销广告基础要素

企业的营销广告宣传包含了营销广告信源、营销广告信道、营销广告信宿三个基础要素。以下主要对前两个要素进行具体分析。

（1）营销广告信源

营销广告信源一般包括三大类内容：

产品信息——包括名称、技术指标、销售地点、销售价格、销售方式以及国家规定必须说明的情况。

企业信息——包括企业名称、发展历程、企业声誉、生产经营能力以及联系方式等。

服务信息——包括产品质量保证、技术咨询、结款方式、零配件供应、保修网点分布以及其他服务信息。

（2）营销广告信道

营销广告信道指信息传播的媒介及途径。当前主要有以下六大类媒体形式。

印刷媒体——报纸、杂志、书籍等。

视听媒体——电视、广播、电影等。

户外媒体——广告牌、灯箱、车位等。

邮寄媒体——信函等。

网络媒体——电子邮件、网站、论坛等。

自媒体——宣传单页、名片、微博、微信等。

6.2.2 线上、线下营销信息互通

这里主要介绍互通线上、线下营销信息的一个重要媒介——二维码。所谓二维码，就是用二维平面上分布的黑白相间的像素来记录数据符号信息、具有特定规律的几何图形。二维

码可以通过图像输入设备或光电扫描设备自动识读、校验，以实现信息自动处理。

目前二维码的应用方向主要有以下八个方面。

信息获取——如用户扫码获取名片、地图、资料等。

网站跳转——如用户扫码跳转到微博、网站等。

广告推送——如用户扫码后可直接浏览商家推送的视频、音频广告。

手机电商——如用户扫码后可直接购物下单。

防伪溯源——如用户扫码即可验证商品真伪，察看生产地。

优惠促销——如用户扫码即可下载电子优惠券、参与抽奖活动等。

会员管理——如用户扫码即可获取电子会员信息、VIP（Very Important Person，贵宾）服务等。

手机支付——如用户扫描即可通过银行或第三方支付平台提供的手机端通道完成支付。

6.2.3 营销活动策划

营销活动策划就是我们平时所说的市场活动策划，通常需要经过以下三个步骤。

（1）理解客户消费过程

策划营销活动，首先要理解客户消费的过程，这个过程包括客户消费的流程、如何接触到产品、为何决定购买产品、如何使用产品，甚至还包括为何废弃产品等。只有在了解这个过程的基础上策划的活动才可能被客户所接受，即使在竞争最激烈的市场中，产品也可以脱颖而出。

（2）制订营销活动计划

理解了客户消费过程，就可以着手制订营销计划了。营销计划既包括营销活动的结构路径、具体的战术，还包括用什么样的合作与利益相关者进行协同。

具体而言，制订营销活动计划需要完成五个方面工作：一是确定营销活动的组成模块及相应负责人；二是确定营销战术、渠道及相应执行者；三是为具体的营销活动和计划设定具体的、可达到的目标及完成时间；四是制定适时的监督、评估、改善机制；五是确定备选方案，确保营销活动各组成模块可以灵活拼装，以避免“牵一发而动全身”。

（3）验证试点客户

验证试点客户是指向试用产品或服务的客户提出收费的要求，以检验他们对试用的产品或服务本身及其价格和营销活动是否满意，然后根据试点客户的反馈结果进一步完善产品、服务以及营销策略等。

衡量营销策略是否有效的唯一标准就是客户是否付钱。如果回避这个问题，也就意味着放弃了最有效、最关键的验证手段。

6.3 渠道建设

渠道建设是企业营销规划的主体内容，简单理解，就是指构建产品从企业到客户的通路，通常可分为实体渠道与网络渠道。直销、代销、经销、连锁直营、连锁加盟、连锁合营等为典型的实体渠道，如淘宝开店、微信开店、自建网络平台等为典型的网络渠道。创业者无论选择何种渠道，都应关注以下两点内容。

（1）渠道建设外包

随着渠道市场的迅速发展、渠道创新速度的加快，以及市场竞争的加剧，渠道建设的难度日益加大，精细化分工就显得特别重要，市场上出现了专门做渠道建设的第三方服务性机构。企业可以把渠道建设的全部工作交给这样的机构，只需要按照效果付费，既可以减少压力，又可以降低风险。网络渠道建设也有专业的代运营公司。

（2）渠道建设的扁平化趋势

渠道扁平化也是营销渠道发展的一个重要趋势。渠道扁平化，简单地说就是减少中间环节，使产品经过尽可能短的渠道与消费者见面。通过扁平化，供应商可以降低渠道的运营成本，从而有可能为终端零售商提供更低的价格，使供应商的产品更具竞争力。就经销商而言，通过集中采购、包销、买断等手段可压低进货成本，价格下来了，企业的产品和服务更利于吸引更多的消费者，销量自然也就会提升。也许单件产品服务的利润并不多，但是整体的利润量却多了，存货和资金的周转速度也加快了，简单地说，就是“薄利多销”。反之，经销商的销售量大了，供应商自然就会对商家更重视，而商家则可能拿到更有竞争力的产品价格。可以说，在这种模式下更有可能形成供应商、经销商和消费者三方共赢的局面。网络渠道就是典型的扁平化渠道。

随着互联网技术的发展和应用，渠道建设还将逐步呈现信息化、服务化、社区化、O2O一体化等。

6.4 销售平台运营

这里主要介绍电商平台运营。

电商平台，对于“互联网+”企业而言是必备的，它也是传统企业连接互联网必须经历的一个步骤，更是企业营销规划工作中的一个重要环节。电商平台的运营需要做好用户运营、内容运营、活动运营三件事。

6.4.1 用户运营

用户运营指以用户为中心，遵循用户的需求设置运营活动与规则，制定运营战略与运营目标，严格控制实施过程与结果，以达到预期所设置的运营目标与任务。

用户运营是一个很烦琐的过程，运营者要有足够的耐心和细心来建立并整理用户资料和信息，搞清楚用户是谁，从哪里来，通过什么渠道来，用户需要什么，产品的核心是解决用户什么样的问题。只有这样才能更好地为用户服务。

具体工作包括以下两个方面。

（1）吸引新客户

即利用各种营销广告宣传方式吸引客户来到平台。运营一段时间后将各种宣传方式所吸引流量与其所花费成本进行比较，选择性价比高的营销广告宣传方式作为长期稳定的操作方式。

（2）活跃老客户

即利用各种营销活动促使老客户产生购买行为。比如设计客户等级特权管理、老客户联谊、分发信息提成等活动使老客户享受一定的营销回报，调动老客户的参与热情，从而提高客户的忠诚度。

6.4.2 内容运营

内容运营是指围绕企业工作的各个环节进行的内容创意、内容编辑、内容发布等工作。

内容可以由企业工作人员创作，也可以由客户创作，一般分为两种类型，一是迎合消费者需求的内容，二是传递产品或企业定位等的内容。

（1）符合消费者需求的内容

一般情况下，消费者对内容的需求表现为了解时事、深度学习、剖析产品、打发时间等，可通过网络搜索等方式获得。

（2）传递产品或企业定位等的内容

用户对产品的印象，除了直观的 UI（User Interface，用户界面）之外，内容也发挥着很大的作用，比如一个标题、一段文案、招贴画、动画等。最简单、最直接的办法是利用比赛、有奖征集等活动在用户中产生并传播。

6.4.3 活动运营

活动运营是指为短期内迅速提升平台某一项或多项指标而策划、开展各种独立活动、联合活动。

活动运营需要注意两点，一是常规活动与临时活动并举，二是客户能够深入参与并获利。

（1）常规活动与临时活动并举

平台所要做的活动通常有两种类型，一种是常规活动，比如每年的哪些日子固定都会举办什么活动；另一种是临时活动，比如有某一事件发生，平台迅速跟进策划与此事件相关的某一活动。

（2）客户能够深度参与并获利

任何活动想要成功举办并发挥作用，一定离不开客户的深度参与，这种参与甚至可以从策划开始，而且客户参与后应能在利益上有所回报。

实训画布任务 6

营销系统

1. 画布模型

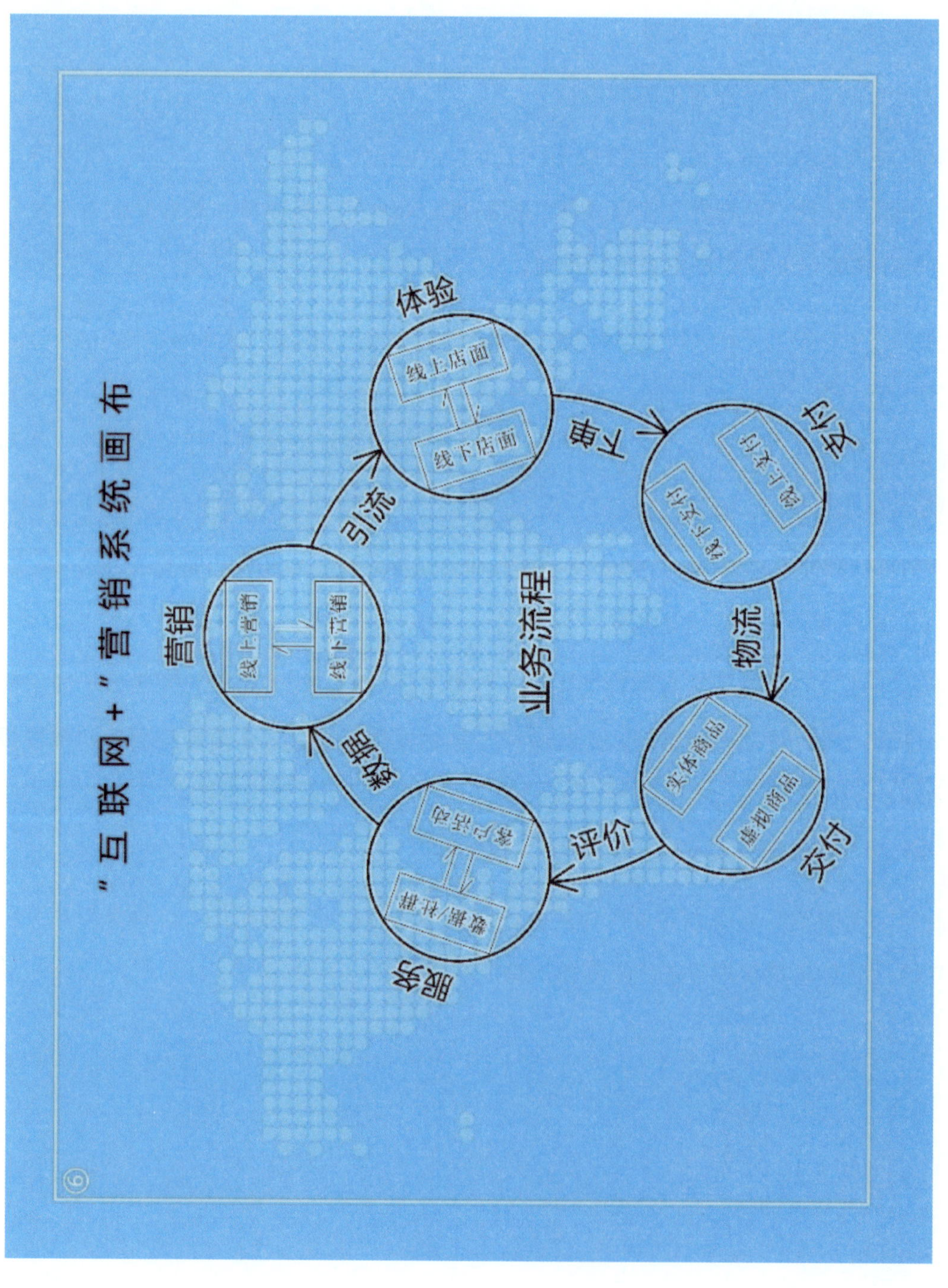

2. 画布实训步骤

（1）开会：由组长召集组员开会，并指定本次会议记录人。

（2）商讨：在组长的领导下，按顺序讨论画布中要求完成的事项，并形成初稿。讨论方向为：营销——线上营销常规活动、渠道罗列，线下营销常规活动、渠道罗列，线上线下活动融通方法；体验——线上线下的店铺建设简案及线上线下融通方法；支付——线上线下可用支付方式罗列；交付——所提供实体商品、虚拟商品的罗列，在产品矩阵画布中搬过来并对产品矩阵进行进一步论证修改；服务——用户数据建设管理方案、客户活动策划方案。

（3）审查：提交初稿给讲师审查，审查后内容记入会议记录。

（4）物资：向讲师申领彩笔、制图工具、方形便利贴、画布或 A2 幅面白纸。

（5）分工：由组员自荐或由组长分配完成此画布的校稿、绘图、写字、校对、美化、张贴等各项事务，分工情况要记入会议记录。

（6）绘制：在讲师规定的时间内，在组长的统一协调下，按讲师审查后的初稿，按画线、绘图、写字、校对、美化等顺序团队协作完成画布。

（7）展示：按讲师要求进行画布展示，展示后将画布张贴在墙面上。

（8）开会：总结图板任务完成要点及任务过程中团队协作的不足之处，将总结记入会议记录。

3. 画布实训示例

"互联网+"营销系统画布
营销
网络软文
体验
监管平台
体验中心
支付
交付
监管平台
服务
引流
下单
物流
评价
数据
业务流程
⑥

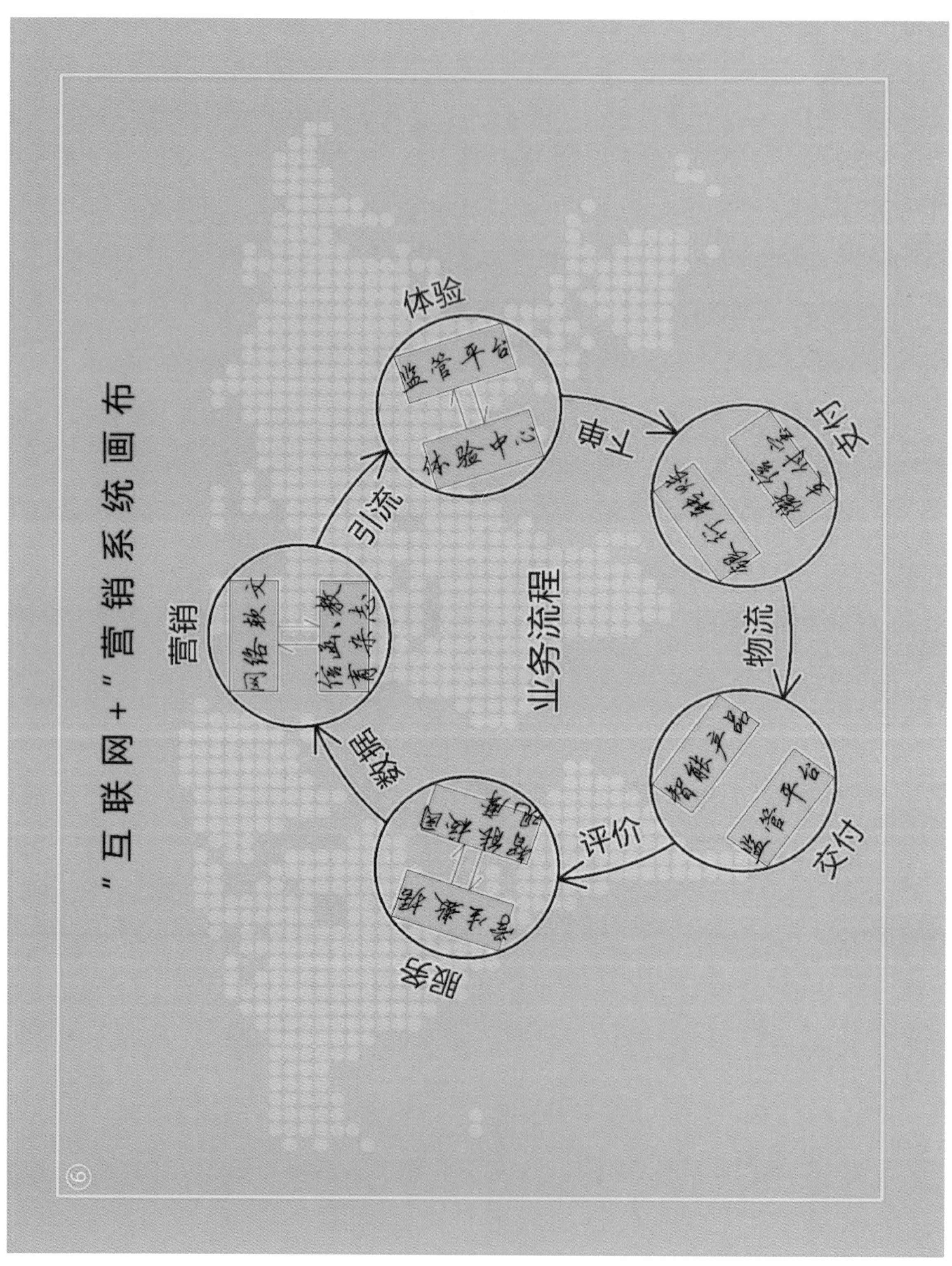

主题 7

客户服务

7.1 产品服务

消费者购买产品时，不仅会关注产品本身，而且希望在购买产品前后得到可靠而周到的服务。企业的质量保证、服务承诺、服务态度和服务效率等现已成为消费者判定产品质量、做出购买决策的重要影响因素。

产品服务是指为支持产品的销售，围绕产品而向消费者提供的各种服务，也称产品支持服务，其目的是保证消费者所购产品效用得到充分发挥。

产品服务过程通常包括售前服务、售中服务和售后服务。

7.1.1 售前服务

售前服务是指销售产品之前向消费者提供的服务，如为消费者提供各种技术咨询服务，进行勘察、设计、产品介绍、报价等，以激发消费者购买欲望，强化消费者购买动机。

7.1.2 售中服务

售中服务是指在销售产品过程中提供的服务，如热情接待、为消费者精心挑选产品、解答消费者提出的有关产品的各种问题、操作示范等，以影响消费者心理感受，增强信赖感，促成交易。

7.1.3 售后服务

售后服务是指产品售出后向消费者提供的服务，如送货上门、安装、调试、维修保证、技术培训、提供信贷、定期保养、保证更换、实行“三包”、按合同提供配件等，以保证消费者所购产品效用的充分发挥，解除消费者的后顾之忧，提高产品满意度，促成重复购买。

7.2 客户社群服务

客户社群是企业将客户按一定规则分类后所形成的若干客户群体。客户社群的建设标志着企业的服务工作由单纯“以产品为中心”的服务转化为“以人为中心”的服务。

7.2.1 客户的分类

企业客户可分为三类：一是潜在客户；二是普通客户；三是忠诚客户。

（1）潜在客户

潜在客户是指对企业某类产品或服务存在需求且具备一定购买能力的待开发客户。经过企业及销售人员的努力，未来可能成为购买企业产品或服务的真实客户。

（2）普通客户

普通客户是指在潜在客户群中产生出来的已经购买企业产品或服务的客户，一般一次性消费或多次无规则消费的客户划入这类群体。

（3）忠诚客户

忠诚客户是指普通客户群中产生出来的那些重复且有规律购买企业产品或服务的客户。一般情况下，企业的大部分利润都是来自于此，这也是很多企业特别注重维护忠实客户群体的主要原因。

7.2.2 社群建设

社群建设的根本目标就是以普通客户群为基础，以忠诚客户群为核心，带动潜在客户群的转化。社群建设可分六个步骤进行，即社群主题确定、社交平台选择、社群管理制定、社群活动策划、电商店铺建设、社群商业变现。

（1）社群主题确定

对企业客户群体进行类别划分时可以从生活、学习、工作、兴趣、情感等角度出发去找寻设置客户感兴趣的主题，划分出来的每个小群体必须名称简洁，如跑酷一族、帅蓝之家等，主题鲜明且唯一，也只有在同一主题下聚集的人群相对稳定性才会更高。

（2）社交平台选择

人群的日常联络都是靠社交工具完成的，对于聚集在不同主题下的人群，其社交平台工具的选择也是不一样的。例如，以社交为主的群选择微信等社交工具会更方便；以研究为主的群由于资料、交流并重，则选择 QQ 会更恰当一些（QQ 群中设有群共享空间。每个群成员均可以上传资料）。

（3）社群管理制定

社群管理是一件非常必要的工作，需要厘清思路按部就班地进行。一般社群管理内容涵盖以下五点。

一是入群要筛选。筛选的过程实际就是群的管理者与申请进群的客户就群规则进行沟通并确认的过程，只有对群主题、群规则有高度认同感和归属感的人进群后才能与群保持行为上的一致。筛选机制同样适用于成员淘汰。

二是人数要控制。群的人数一般控制在 150 人以内。在群里实行小组管理，假设 1 名组长管理 5 个人，群主管 5 名组长，则核心群体为 30 人，按 2∶8 的比例配比，则非核心成员 120 人，合计 150 人。

三是积分要得利。群员可兑换利益的积分方式可以有效地聚集群成员并增强成员黏性。如支付宝的芝麻信用、携程积分等，积分越高的成员享受的待遇也越好，能兑换的东西也越多。一般情况下积分可以通过完成任务或购买得到。

四是管理要有序。群的管理就是制定群规则并不断完善的过程，包括分组规则、改名规则、禁止刷屏、淘汰机制、控制人数、禁滥发广告等。制定时要注意群规则要人性化。

五是话题要不断。群的活跃度高才可能激发更多的群员参与，所以日常话题的产生与互动非常重要，它可以满足群员存在感、价值感与分享欲。除了无中心话题是随机产生的之外，还需要社群管理人员有计划、有组织地产生话题，如分组管理后让每组负责一天，轮流进行，这样就可以保证话题的不间断了。

（4）社群活动策划

社群内部活动策划一般有两个方向，一是单纯的群内部的定期活动，二是与其他群活动、企业营销活动联合举行。活动内容丰富多彩，只要群成员普遍认可并积极参与即可。值得注意的是群的活动频率以每月 1~2 场较为适宜。

（5）电商店铺建设

如果企业有电商平台，则每个主题社群不需要自行建设电商店铺了，只要在企业的电商平台上有一个展现群风采的区域即可。

（6）社群商业变现

建设客户社群的最终目的是商业变现。实现社群商业变现有两条途径，一是增加群成员对企业的忠诚度，提高复购率；二是社群内部产生了新的商业价值，比如某次社群活动获得某企业的资金赞助或实物赞助，某次社群活动嵌入了某企业的商业宣传，群内以软文、讨论、竞猜等形式变相宣传了某企业产品等。这些不仅能为企业带来新的收入，同时群成员也可从中获取利益。

客户社群服务不仅为企业稳定了老客户，带来了新客户，更增加了新的商业价值，从而把企业的客户服务工作推上一个全新的高度。

实训画布任务 7

社群建设

1. 画布模型

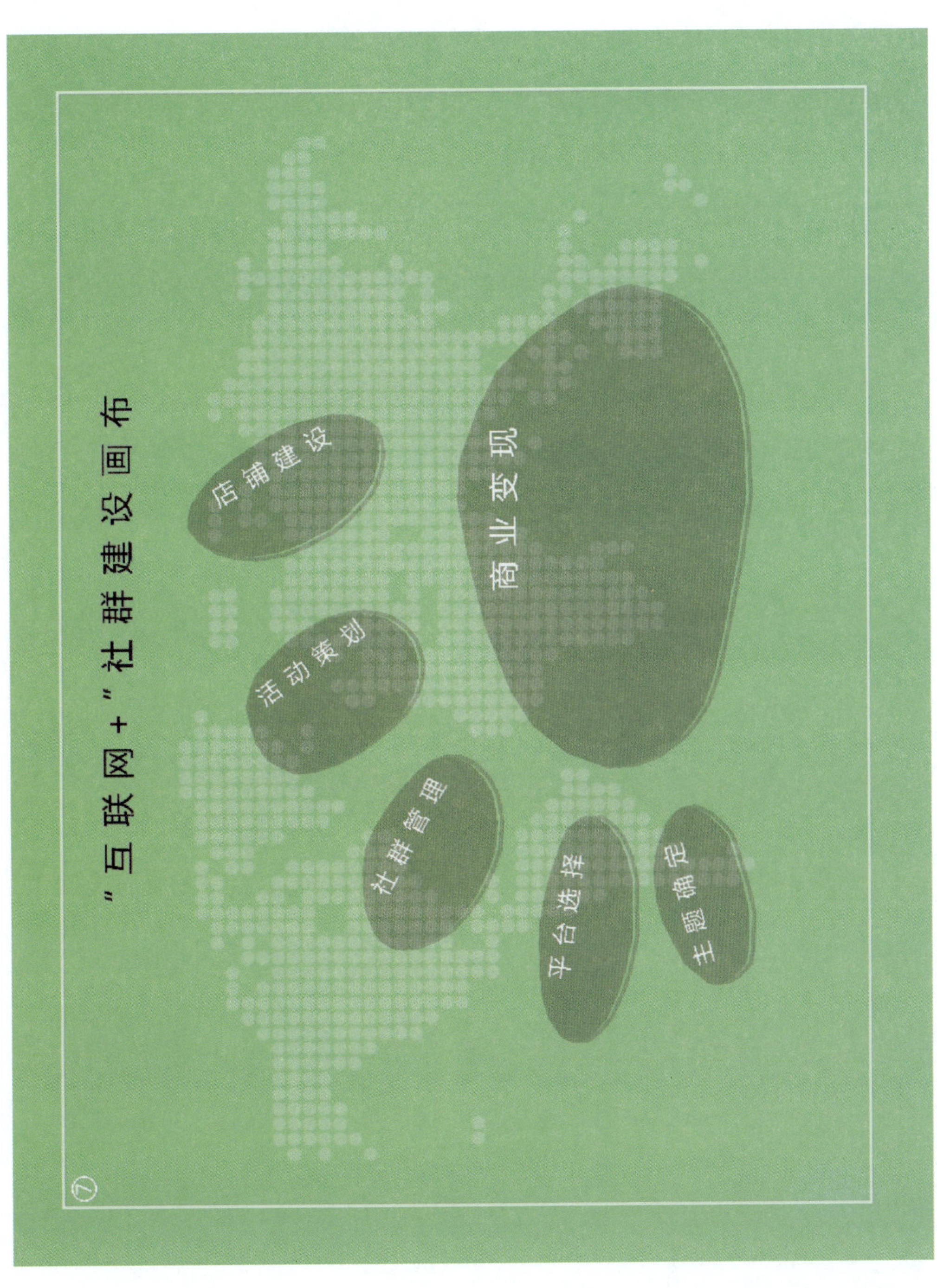

2. 画布实训步骤

（1）开会：由组长召集组员开会，并指定本次会议记录人。

（2）商讨：在组长的领导下，按顺序讨论画布中要求完成的事项——主题确定（每个社群主题唯一，每家企业可有多个社群）、平台选择（应为强社交平台，如QQ、微信等）、社群管理（含群规公约、群员筛选、群员管理方法、话题产生机制、群资源管理等）、活动策划、店铺建设（可直接引用营销系统画布中相关内容）、商业变现，并形成初稿。

（3）审查：提交初稿给讲师审查，审查后内容记入会议记录。

（4）物资：向讲师申领彩笔、制图工具、方形便利贴、画布或A2幅面白纸。

（5）分工：由组员自荐或由组长分配完成此画布的校稿、绘图、写字、校对、美化、张贴等各项事务，分工情况要记入会议记录。

（6）绘制：在讲师规定的时间内和组长的统一协调下，按讲师审查后的初稿，按画线、绘图、写字、校对、美化等顺序经团队协作完成画布。

（7）展示：按讲师要求进行画布展示，展示后将画布张贴在墙面上。

（8）开会：总结图板任务完成要点及任务过程中团队协作的不足之外，将总结记入会议记录。

3. 画布实训示例

“互联网+”社群建设画布
店铺建设
监控平台商城
活动策划
社群管理
积分及等级管理
商业变现
企业会员费
平台选择
主题确定
⑦

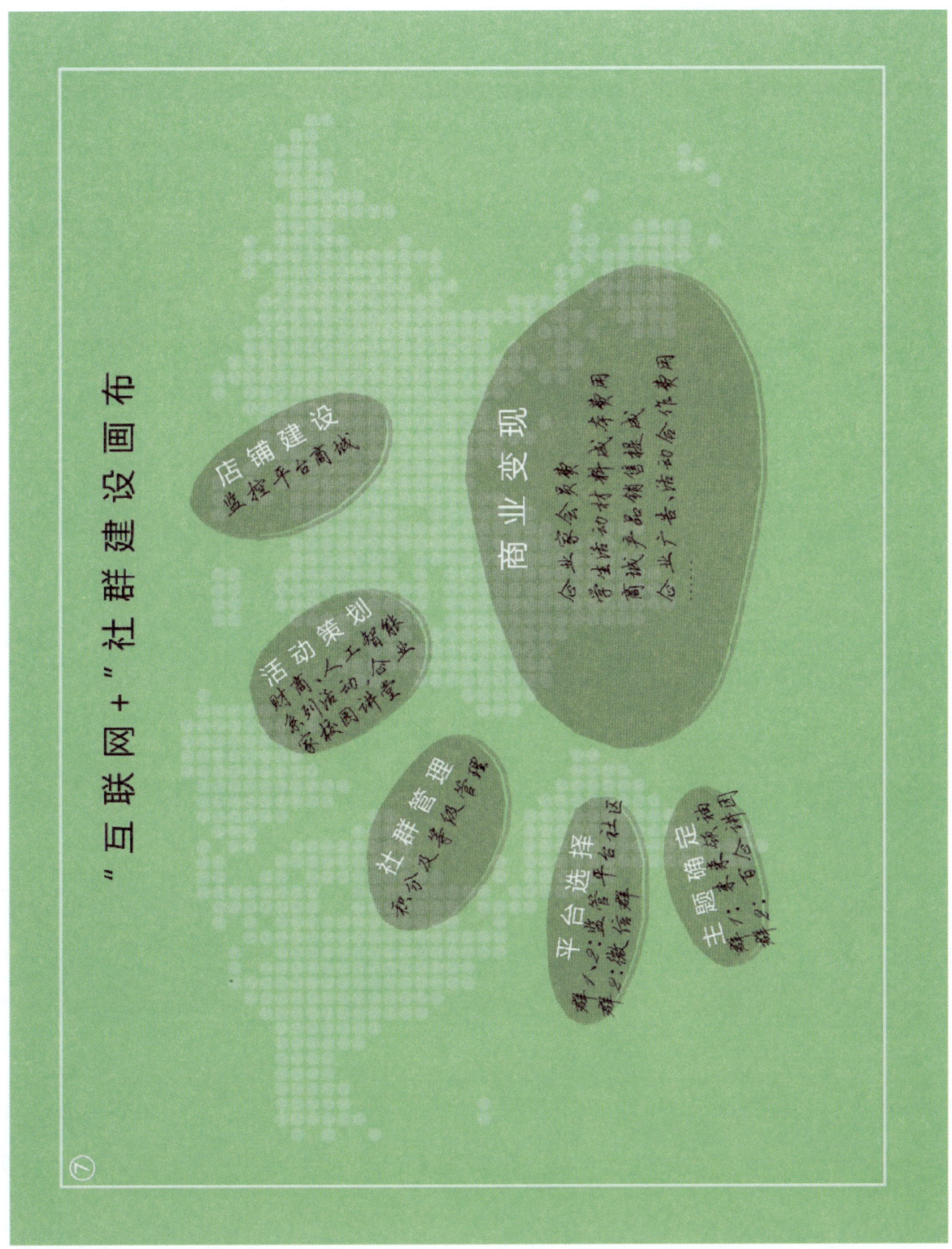

第 3 单元

回顾及学习自评

【知识回顾】

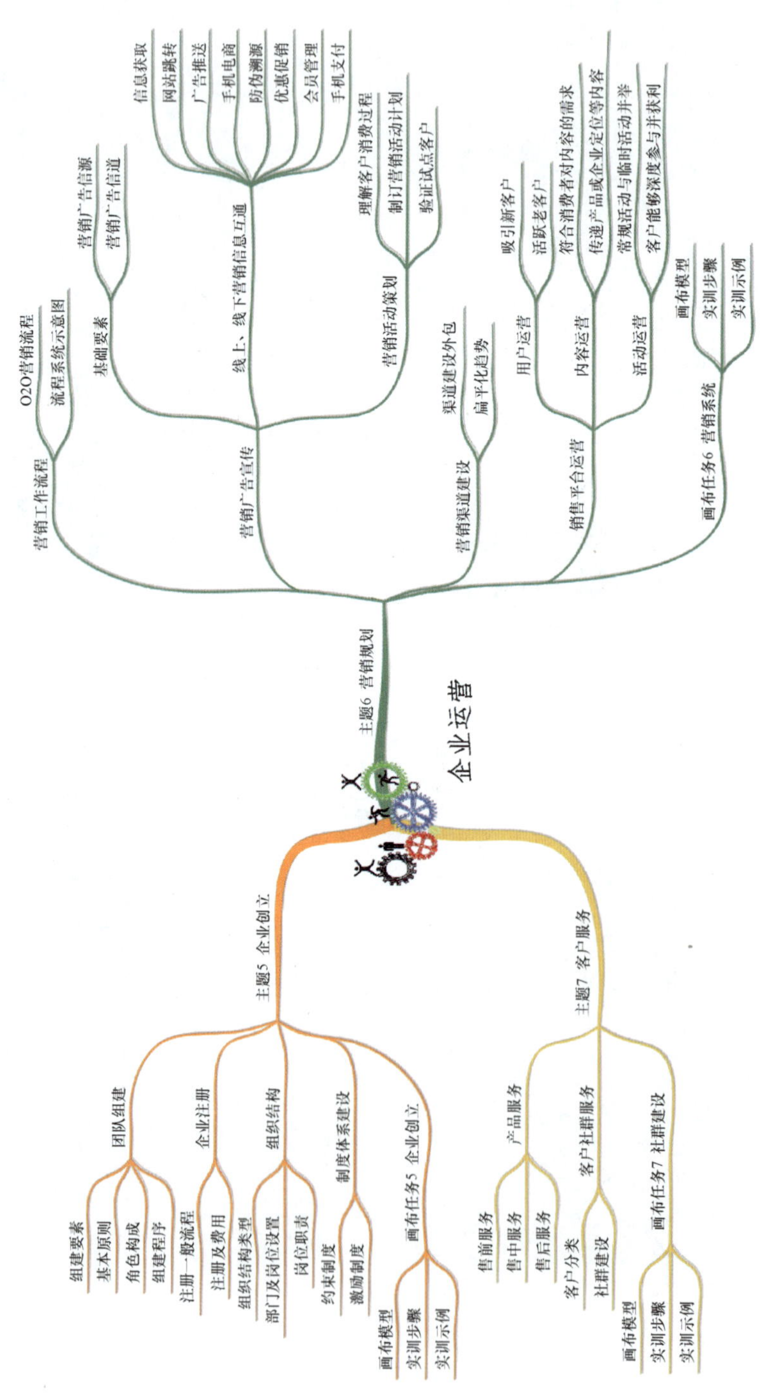

【学习自评】

第4单元 企业管控

经过前三个单元的学习，我们已经初步了解了企业的各项运营工作，本单元将从财务与风险两个角度对企业的经营管理进行相应的评估与管控。财务部分的内容主要包括定价方式、销售预测、成本费用预算、现金流量、成本转化方法、税费、投资回报率等基础知识；风险部分的内容主要包括风险清单建立、风险评估分析、风险对策落实等内容。

主题 8

财务管理

8.1 销售收入预测

企业应对未来一个阶段可能产生的销售收入进行预测，销售收入预测的依据来自销售价格和销量两大基础数据，所以，进行销售收入预测之前必须进行产品定价和销量预测。

8.1.1 产品定价

（1）产品定价的步骤

第一步，收集同行同类和类似产品的价格信息。

第二步，根据对企业运营成本的预测进行详细的成本核算，在基于成本核算的基础上初步制定产品价格，并判断此价格是否能够盈利。

第三步，通过分析覆盖市场需求以及客户心理，判断此价格是否行得通。

（2）产品定价的方法

产品定价常用的方法主要有成本加成定价法、竞争参照定价法和需求导向定价法三种。

- *成本加成定价法*，是指先对企业生产和销售产品或提供服务的过程进行成本计算，计算出每一类（个）产品或服务的单位产品或服务成本，再在单位产品或服务成本的基础上加上应分摊的费用以及行业内同类产品或服务的平均利润，为产品或服务制定销售价格的方法。这种方法适用于已经经营了一定时间，有相关成本数据的企业。

注：采用成本加成定价法时，要注意计算单位产品或服务成本时，应包含企业中全部的直接和间接成本。

- *竞争参照定价法*，是指通过调查竞争对手同类产品或服务或者类似产品或服务的定价，结合自己企业的地理位置、市场定位等竞争因素为产品或服务制定销售价格的方法。这种定价方法一般适用于初创企业。

● 需求导向定价法，是指基于大量的客户需求分析和市场调研，从供求关系、需求期望出发，为产品或服务制定销售价格的方法。这种定价方法一般适用于企业中特定商品的定价。

8.1.2 销量预测

销量预测是指在充分考虑未来各种影响因素的基础上，结合本企业或类似企业过去同时期的销售业绩，对未来一定时间内全部产品或指定产品的销售数量与销售金额的估计，根据估计结果可以制定出切实可行的销售目标。

销量预测常用的方法有经验预测法、同类企业比较预测法、预订单或意向书预测法、实地调查法、网络调查法、试销环比测算法等。

（1）经验预测法

根据自己或朋友在同类企业中工作的经验，结合自己对目前所处市场的了解和分析，预测企业销量。

（2）同类企业比较预测法

将自己的企业资源、技术和市场营销计划与竞争对手加以比较，基于对方的水平并结合自身的综合条件来预测企业销量。这是最常用的销量预测方法。

（3）预订单或意向书预测法

通过企业获得订单或意向书的数量来预测企业销量。企业客户量不多时，可以采用这种方法。这种方法适用于出口商、批发商或制造商。

（4）实地调查法

调查访问那些可能成为企业客户的人，了解他们的购买习惯。要想做好调查不容易，可以先以亲戚朋友为对象进行初步预测，分析一下结果，然后判断所提的问题是否提供了预测销量所需的信息。一般情况下，不可能访问所有的潜在客户，所以有必要进行有效的抽样调查。

（5）网络调查法

确定分析框架，建立相应的数据分析结构，通过互联网收集整理各项有效数据并进行对比分析。随着互联网技术的发展，各种行业数据、企业数据在专业性网站上都可以查询到。

（6）试销环比测算法

少量试销企业的产品或服务，看看一定时间内能销出多少。这种方法对制造商和专业零售商很有效，但不太适合有大量库存的企业。

8.2 成本策略

8.2.1 费用构成

我国现行《企业会计准则》（以下称《准则》）指出，费用是指企业在日常活动中发生的、会导致所有者权益减少的、与向所有者分配利润无关的经济利益的总流出。通俗地讲，费用就是企业为生产产品、销售商品和提供劳务等日常活动所发生的相应支出总和。一般情况下，企业的费用结构可用图 4—1 表示。

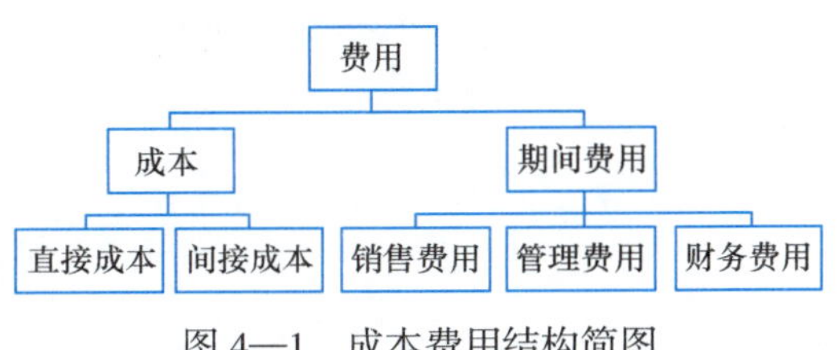

图 4—1　成本费用结构简图

（1）成本

成本是企业运营过程中对象化的支出，是企业为生产产品、销售商品和提供劳务而发生的各种耗费，在具体账目上分为直接成本与间接成本。成本与具体产品有关。

- 直接成本是在生产过程中直接用于产品的支出，有直接材料成本（采购成本）、直接人工成本。商业企业发生的直接成本通常只有直接材料成本（采购成本）。

- 间接成本是指生产过程中除直接（材料 / 人工）成本外的与生产有关的其他支出，如车间的房租、车间的房屋折旧、辅助工人的工资等。

（2）期间费用

企业在运营过程中除支出上述成本外还需支出各种期间费用。

期间费用是指某会计期间内，企业为销售商品、提供劳务等日常活动所发生的经济利益的流出，如管理费用、销售费用、财务费用等。期间费用与具体产品无关。

- 管理费用是指企业行政管理部门为组织、管理生产经营活动及维持企业正常运营而发生的各项费用，如业务招待费、税费、管理人员工资、员工福利费、办公耗材费、差旅费、折旧费、劳动保险费等。

- 销售费用是指企业在销售产品、提供劳务等过程中发生的各项费用，如广告费、运输费、委托代销手续费、展览费、销售服务费、销售部门人员工资与差旅费等。

- 财务费用是指企业在运营过程中为筹集资金而发生的筹资费用，如利息支出等。

创业者在进行一定会计期间的成本费用分析时，应先对与产品有关的成本进行计算，将与产品无关的都归类到费用部分，其中与销售有关的计入销售费用，与财务有关的计入财务费用，其他与企业管理有关的计入管理费用。

8.2.2 成本策略

成本策略是指企业经营过程中寻求降低、转化成本的各种方法，常见的方法有减少支出种类、降低成本支出、成本转化等。

（1）减少支出种类

减少支出种类是指减少支出的项目，如原三项支出减少到一项或两项支出。

（2）降低成本支出

降低成本支出是指减少某一项支出，如原支出为 10 元，现降低为 8 元。

（3）成本转化

成本转化是指企业在经营过程中分别预测某一项支出的固定成本支出与变动成本支出，将两项支出的发生额进行比较，寻求并选择互相转化的控制成本的策略。

其中所提固定成本是指一定会计期间内，企业运营中随着业务量变化而保持不变的成本，如房租、管理者费用、折旧等。变动成本是指一定会计期间内，在相关业务范围内随着业务量的变动而呈线性变动的成本。直接人工成本、直接材料成本等就是属于典型的变动成本。

企业的某些成本支出到底用固定支出好还是用变动支出好，可以通过计算来判断。

将企业某项支出用固定的方式支出设为 A，用变动的方式支出设为 B（B= 业务量 × 单位成本），当业务量达到某个值时，$A=B$；如果实际业务量小于这个值，则 $A>B$，即固定支出大于变动支出，选择 B 方式支出少；反之，如果实际业务量大于这个值，则 $A<B$，即固定支出小于变动支出，选择 A 方式支出少，如图 4—2 所示。

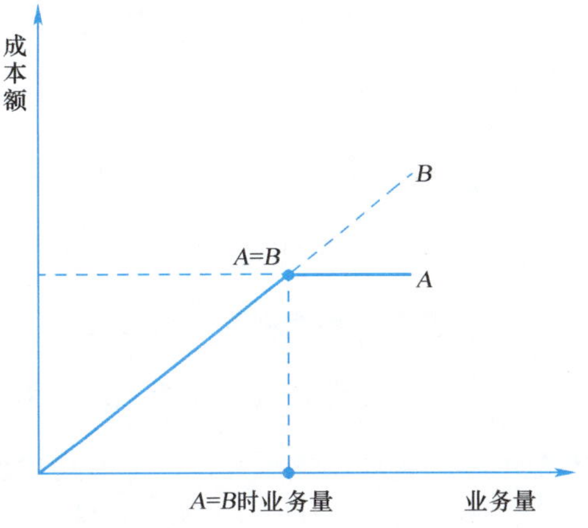

图 4—2　成本支出方式选择示意图

此外，还有一种特殊的成本转化方式，称为第三方代付，即企业运营过程中的某些成本由其他利益相关者承担或分担，如由赞助商支付会议场租、供应商支付物流成本等。

8.3　税费

税费是指国家机关向有关当事人提供某种特定劳务或服务，按规定收取的费用，包括税和费。

税和费的本质区别主要在于其是否具有无偿性。国家收费遵循有偿原则，通常由税务机关和事业单位收取；国家收税遵循无偿原则，通常由税务机关、海关和财政机关收取。有偿收取的是费，无偿征收的是税。

企业根据税法规定应缴纳的各种税费通常包括增值税、消费税、城市维护建设税、资源税、所得税、土地增值税、房产税、车船使用税、土地使用税、教育费附加、矿产资源补偿费、印花税、耕地占用税等。

一般情况下，企业应缴税费中主要大额体现为增值税与企业所得税两种。

8.3.1　增值税

增值税是以商品（含应税劳务）在流转过程中产生的增值额作为计税依据而征收的一种流转税。从计税原理上讲，增值税就是对商品在生产、流通、劳务服务多个环节的新增价值或商品的附加值征收的一种流转税。

一般纳税人应缴增值税 = 销售税额 – 进项税额

= 净销售额 × 规定税率 – 进项税额

自 2017 年 7 月 1 日起，简并增值税税率结构，取消 13% 的增值税税率。当前，一般纳税人适用的税率有 16%、10%、6%、5%、3%、0 等。其中 3% 为小规模纳税人（连续 12 个月应税销售额累计年未超过 500 万的纳税人及新开业的纳税人）适用的征收税率，其他适用于不同的一般纳税人（连续 12 个月应税销售额累计超过 500 万的企业）。不同的地区有着很多不同的税收优惠政策，创业者可以到当地税务部门进行了解和咨询。

8. 3. 2 企业所得税

企业所得税是指对我国境内的企业（居民企业及非居民企业）和其他取得收入的组织以其生产经营所得为课税对象所征收的一个税种。通俗地讲，就是对我国境内企业和经营单位按其生产经营所得和其他所得依法征收的税。

《中华人民共和国所得税法》规定，企业所得税的税率为 25%，内外资企业一致，国家需要重点扶持的高新技术企业按 15% 的税率征收企业所得税，符合条件的小型微利企业及非居民企业按 20% 的税率征收企业所得税。

8.4 投资收益

投资收益是指一定时间内企业对外投资所取得的利润、股利和债券利息等收入减去投资损耗后的净收益。对于创业而言，投资收益就是创业项目的净利润等。

投资净利润 = 收入 – 成本 – 期间费用 – 税费

投资收益率又称投资利润率，是指投资收益（税后）占投资成本的百分比。

投资收益率 = 投资收益（税后）÷ 投资总额 ×100%

= 投资净利润（税后）÷ 投资总额 ×100%

=（收入 – 成本 – 期间费用 – 税费）÷ 投资总额 ×100%

一般来说，投资项目的投资收益率越高，投资的风险就越小。

8.5 现金流量

现金流量是指企业在一定会计期间按照现金收付实现制，通过一定经济活动（包括经营活动、投资活动、筹资活动和非经常性项目）而产生的现金流入、现金流出及其总量情况的总称，即企业一定时期的现金和现金等价物的流入和流出的数量。

创业者在创业前只有对企业未来一定时期的现金流量进行预测（销售与成本的预测），才能知道开办企业需要多少启动资金。

8.6 资金规划

根据预测销量计算出相应的成本后，即可基本确定开办企业需要的启动资金额，那么，如何筹集到这笔资金，如何使用这笔资金呢?

8.6.1 资金筹措

对于绝大部分的创业项目来说，启动资金主要来自创业者自己的私人资金，不过也可以尝试通过其他渠道筹措资金，如民间借贷、扶持资金、银行贷款、从供应商处赊购、天使投资、风险投资等。

（1）民间借贷

从朋友或亲戚处借钱是筹集启动资金最常见的做法之一。但是，一旦你的企业经营失败，亲戚朋友会因收不回自己的钱而责怪你。因此，从一开始，你就要向他们说明借钱给你具有一定的风险，同时承诺具体的偿还时间。亲友之间最在意的是情感，所以，你应该多与他们进行沟通和反馈，帮助他们更深入地了解企业的发展现状，使他们心里踏实。即便遇到困难，也应该开诚布公地说明，绝不能回避甚至欺骗亲戚朋友。

P2P（Person to Person，个人对个人），即网络平台借贷，也是民间借贷的一种表现形式。

（2）扶持资金

目前，为鼓励创业，国家制定出台了多种相关法规和优惠政策，创造了较为宽松的创业环境。其中，人力资源社会保障部专门制定政策，为创业人员提供创业担保贷款并由财政贴息，部分地区还出台了初创企业的一次性开办补贴、租金补贴等一系列创业扶持政策；科技部门为高校科技人员和学生科技创业提供专项资金；农业部门为农业创业项目提供农业扶持资金等。所以，你在筹集资金时，也可以寻求相关政府部门的帮助。

（3）银行贷款

银行是正规金融部门，其发放贷款时有严格的条件和审查程序：首先，它们会要求你填一张借款申请表，并在表后附上你的创业计划书。其次，银行或其他金融机构一般会要求你有贷款抵押品或质押品，如私人房产、银行存折、有价证券等。如以私人房产做抵押，你还要办理房产价值评估以及公证等手续。而且，银行为了降低风险，一般不会按抵押品的实际价值向你发放贷款，它们通常要确保抵押资产的价值高于你的贷款额和未付利息额。如果你的企业经营失败，你将失去这些个人财产。可见，向正规金融部门贷款也是有一定风险的。

（4）从供应商处赊购

企业通常可以从供应商那里赊一部分账。不过，这并不容易，因为大多数供应商只有在弄清你的企业确实能够运转良好以后，才会允许你赊账。从供应商处赊购，要求企业必须按时付款、诚实守信，也只有这样才能获得供应商更多的支持。一般来说，赊购会导致企业丧失议价的主动权，造成企业的采购成本增加。

（5）天使投资

天使投资属于个人投资行为，手续简便，是由自由投资者或非正式风险投资机构对原创项目构思或小型初创企业进行的一次性前期投资，主要面向初创期和种子期的企业。天使投资人一般不参与管理，投资金额较小，对于创业项目的审查不太严格且不涉足自己不熟悉的行业。大多数投资人基于个人主观判断或喜好做出投资决定。

很多天使投资是通过朋友、亲戚或社交圈介绍达成的，如果你想让天使投资人投资你的创业项目，你就不能忽视对自身信用资质、良好口碑的培养，而且还要为此准备好企业运营和财务方面的信息和数据。

项目众筹在本质上就是寻求天使投资的一种方法。

（6）风险投资

风险投资简称 VC（Venture Capital），其投资对象一般是具有高科技、高成长潜力的企业。风险投资一般金额较大，不需要抵押，也不需要偿还，投资期限至少3年，以5~7年较为常见，投资方式通常是以投资换股权，投资的目的不是控股，而是追求超额回报。当被投资企业增值后，风险投资人会通过上市、收购兼并或其他股权转让方式撤出资本，实现增值。

风险投资人选择投资对象时非常看重创业团队、项目的市场规模和盈利模式。

8.6.2 资金使用

筹措到资金以后，如何规划资金的使用也是一件非常重要的事情。通常来说，企业的资金要用于以下几方面的规划：固定资产投资、无形资产投入、开办费用、流动资金等。

（1）固定资产投资

根据不同的企业以及企业不同的业务范围、生产需要而进行不同的固定资产投资，一般来说，固定资产投资包括两大部分：建筑和场地、工具和设备。

初创企业在没有实现满负荷生产或者没有足够的市场时，建议采用以租代建（买）的方式，尽可能寻找工业园区、孵化基地等具有政府公共资源的场地，这样能获得更多的相关优惠政策，也能降低创业的投资风险。

（2）无形资产投入

无形资产包括品牌加盟费、使用费，技术专利的研发费、转让费、使用费，知识产权的申报、购买、使用费等。无形资产对于企业的持续发展来说非常重要，是体现一家企业竞争力的主要因素。

（3）开办费用

开办费用是指为设立一家公司而发生的费用支出，包括法律费用、发起人费用以及取得执照的费用。开办费用的列支项目如下。

- 筹建人员的劳务费用。筹建人员的劳务费用，如筹办人员的工资奖金等工资性支出，以及应缴纳的各种社会保险。在筹建期间发生的，诸如医疗费等福利性费用，如果筹建期较短，可据实列支；筹建期较长的，可按工资总额的14%计提员工福利费予以解决。差旅费，如市内交通费和外埠差旅费，董事会费和联合委员会费等。

- 企业登记、公证的费用。包括登记费、验资费、税务登记费、公证费等。

● 筹措资本的费用。包括筹资支付的手续费以及不计入固定资产和无形资产的汇兑损益及利息等。

● 人员培训费。包括选派员工在筹建期间外出进修学习的费用，聘请专家进行技术指导和培训的劳务费及其他相关费用等。

● 企业资产的摊销、报废和毁损。

● 其他费用。包括筹建期间发生的办公费、广告费、交际招待费，印花税，经投资人确认由企业负担的进行可行性研究的费用，以及其他与筹建有关的费用，如资讯调查费、诉讼费、文件印刷费、通信费等。

（4）流动资金

流动资金是指企业全部的流动资产，包括现金、存货（材料、在制品及成品）、应收账款、有价证券、预付款、风险基金等项目。一般来说，企业的流动资金应相对预留得更充足一点。

8.6.3 利润分配

一定期间收益的利润分配要注意既要符合法律规定又要兼顾利益相关者的共同利益。经全体股东磋商后可按公司、员工、合作伙伴、股东的顺序进行相应分配。

根据创业项目的不同及市场变化，各方所享利益比率均会有所不同，其中公司预留包括法定盈余公积金、法定公益金、股东大会认可预留的企业发展基金及其他。企业会计制度明确规定，公司预留一般不低于 10%。

实训画布任务 8

投资收益

1. 画布模型

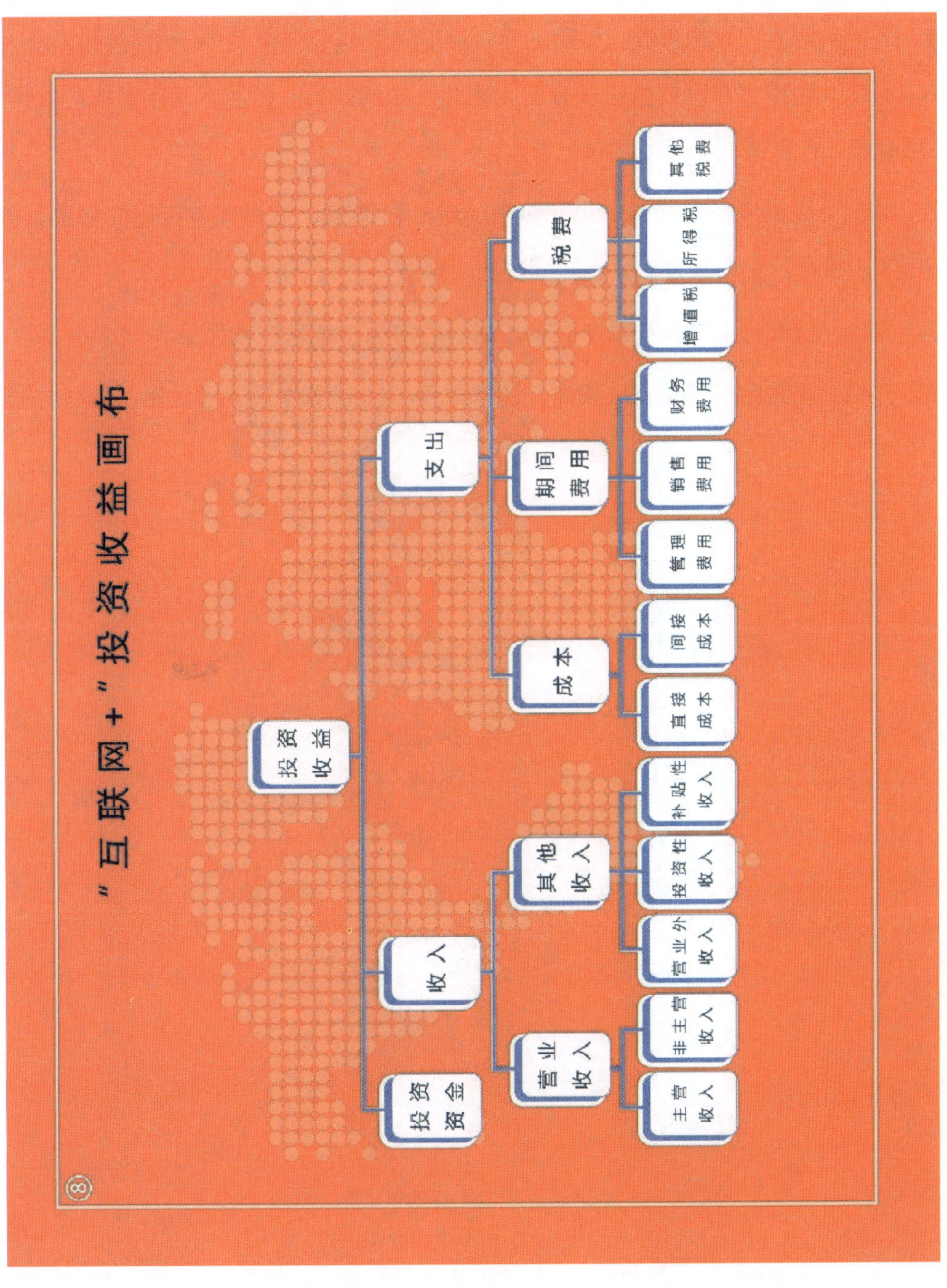

2. 画布实训步骤

（1）开会：由组长召集组员开会，并指定本次会议记录人。

（2）商讨：在组长的领导下，按顺序讨论列出主营收入、对应的成本与期间费用的细项列表，并测算一年内可能发生的各项成本费用及税费，估算所需投资资金，计算投资收益率，并形成初稿。

（3）审查：提交初稿给讲师审查，审查后内容记入会议记录。

（4）物资：向讲师申领彩笔、制图工具、方形便利贴、画布或 A2 幅面白纸。

（5）分工：由组员自荐或由组长分配完成此画布的校稿、绘图、写字、校对、美化、张贴等各项事务，分工情况要记入会议记录。

（6）绘制：在讲师规定的时间内和组长的统一协调下，按讲师审查后的初稿，按画线、绘图、写字、校对、美化等顺序经团队协作完成画布。

（7）展示：按讲师要求进行画布展示，展示后将画布张贴在墙面上。

（8）开会：总结图板任务完成要点及任务过程中团队协作的不足之外，将总结记入会议记录。

3. 画布实训示例

“互联网+”投资收益画布
⑧
45.67%
200万元
440万元
348.67万元
440万元
其他收入
200万元
125万元
23.67万元
350万元
90万元
营业外收入
投资性收入
未到账
140万元
60万元
80万元
30万元
15万元
5.83万元
16.12万元
1.72万元

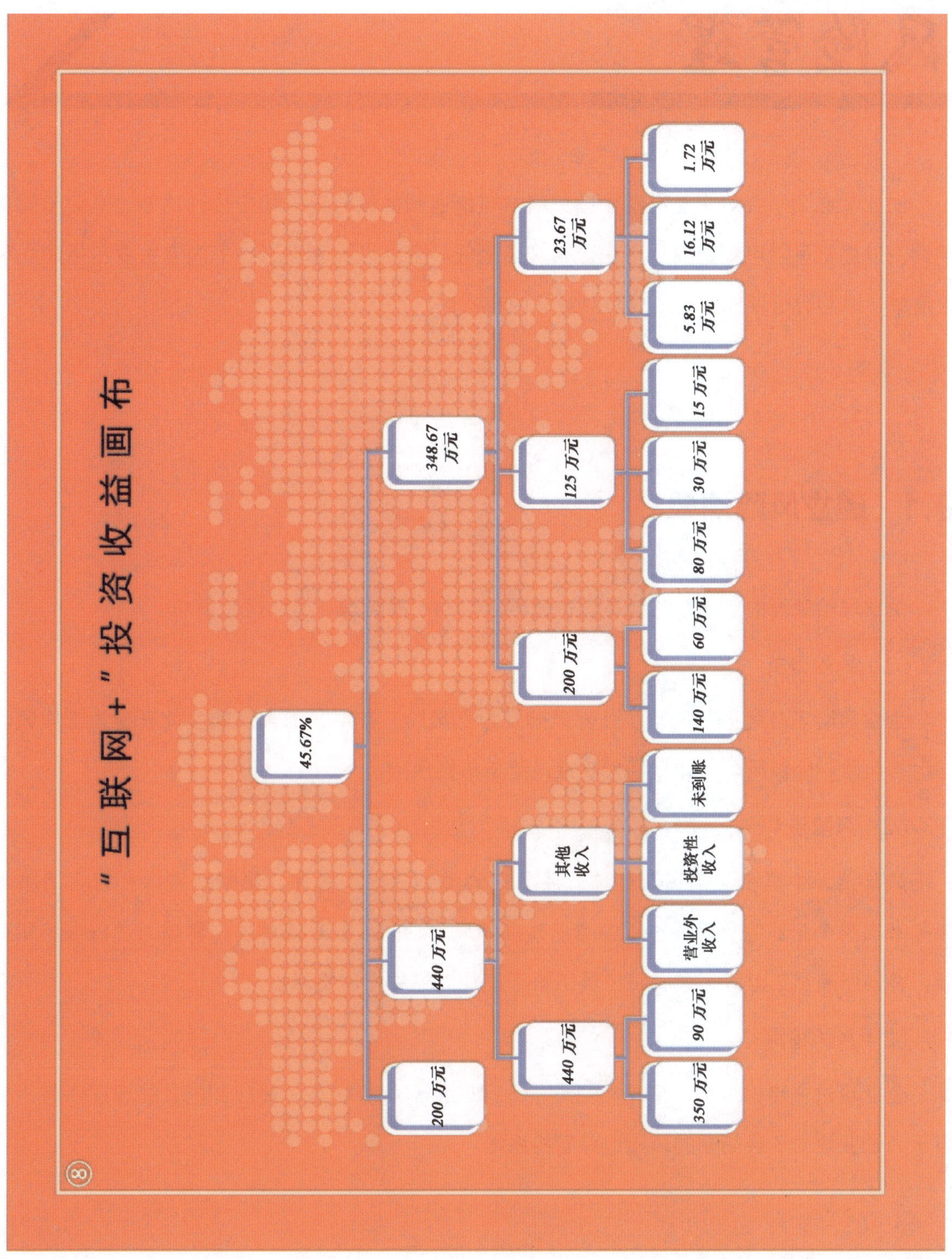

主题 9

风险管理

创业者必须学会对企业经营管理过程中可能遇到的风险进行相应的评估并设立风险解决预案，以期把风险可能造成的不良影响减至最低。企业风险管理工作的内容主要包括建立风险清单、风险分析评估、落实风险对策等内容。

9.1 建立风险清单

企业风险管理的首要任务就是识别整理风险的不同类型，建立风险清单。

（1）风险分类

企业风险可分为内部风险、外部风险及自然风险。其中，内部风险主体表现为管理风险与财务风险，外部风险主体表现为政策风险与市场风险。

（2）风险清单

风险清单中至少包括风险名称、所属风险类别、出现概率、影响级别等栏目。清单中要列举出整个企业经营管理过程中可能碰到的风险，而且要对清单的内容随时进行维护和更新，并向所有员工公开，鼓励每位员工勇于发现问题并提出警示。

（3）风险追踪

企业可进一步扩展风险清单栏目，加入风险目前解决状态、对应部门、处理程序等，相当于为企业建立了最简明的风险追踪管控系统。

9.2 风险分析评估

风险分析评估是指辨识和估计风险，并对风险的结果进行评价，为制订和实施风险管理计划提供依据。

风险分析评估的目的是查明项目在哪些方面、什么时候会出现问题，哪些地方潜藏着危险。在查明风险的基础上提出减少风险的各种行动计划和方案。因此，风险分析是一个复杂的管理过程。

风险分析评估过程一般有以下五个步骤。

（1）风险识别

风险识别是指通过系统、全面的分析与考察，找出潜在的各种风险因素，建立风险清单。

（2）风险评测

风险评测是指找出导致项目风险的风险源，并确定风险因素层次及权重。

（3）风险估价

风险估价是指对风险发生程度进行分析，判断其发生的可能性及对项目的影响程度。

（4）风险对策

风险对策是指降低和防范风险的对策。

（5）分析结论

完成上述四步后，应归纳和综述项目的主要风险，说明其原因、程度、可能造成的后果及相应对策，以便全面、清晰地展现项目的主要风险。

9.3 落实风险对策

风险是客观存在的，任何企业都面临内部或外部风险，它会影响企业目标的实现。企业在做好系统、全面的风险分析评估后，应按以下步骤落实风险对策的各项措施并常态化。

（1）提高风险管理意识

在企业经营活动中，企业管理者应根据自身能力承接项目，对所承接的项目要进行预评估，对经评估确认风险较大的项目要尽量避开和放弃。此外，不盲目扩大规模，使各个项目均能处于企业管理者的有效管理范围之内，避免因企业管理不到位而带来的风险。

（2）规范管理模式

制定规范化的规章制度，企业管理者还应根据每个风险的特点，对涉及风险的工作内容，制定较为细致的、有针对性的实施细则和风险管理计划，从而使企业的所有项目均能按统一规定的工作程序、要求、标准去实施，正确履行各种责任，达到降低风险的目的。

（3）建立较完善的监督检查机制

实施动态管理，企业管理者要经常到项目中进行检查与指导，并加强沟通，听取意见，及时把各种新的法律法规、内外形势变化、企业的要求等传达到每位员工，并在检查中及时发现项目不足。企业管理者应针对项目存在的风险隐患，及时加以处理，将其消灭于萌芽状态，避免风险事故的发生。

（4）组建突发事件公关队伍，全面应对突发事件

企业管理者为了加强对突发事件的管理与应对，在企业内部建立一支训练有素、精干高效的突发事件公关队伍是完全必要的。其成员应包括企业最高决策层、公关部门、生产部门、市场销售部门、技术研发部门、保安部门、人力资源部门等的人员，以及法律顾问、公关专家等专业人士。正常情况下，突发事件公关小组负责对企业内外环境进行实时监测，在广泛收集信息的基础上发现并分析存在的问题和隐患，对可能出现的突发事件情况做出准确预测，帮助企业管理者根据预测结果制定切实可行的突发事件防范措施，并监督指导防范措施的落实，加强对突发事件预警机制的管理，开展对公关人员和全体员工的培训，组织突发事件状况模拟演习等。在突发事件发生时，突发事件公关小组要起到指挥中心的作用，包括建立突发事件控制中心、制订紧急应对方案，策动方案实施，与媒体进行联系沟通，控制险情扩散、恶化，减弱突发事件的不良影响，化解公众疑虑和敌对情绪，以便尽快结束突发事件。

实训画布任务 9

风险管理

1. 画布模型

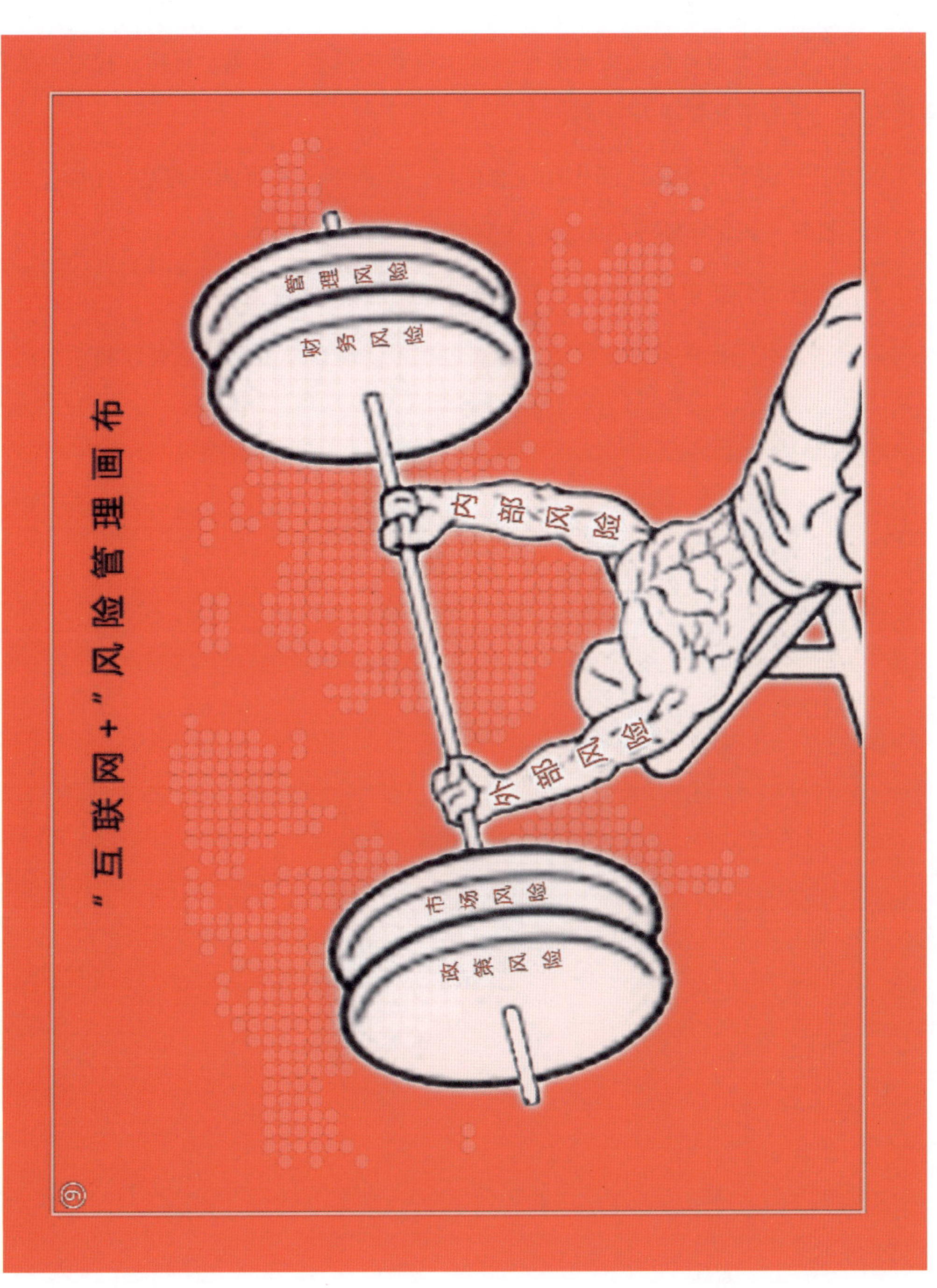

2. 画布实训步骤

（1）开会：由组长召集组员开会，并指定本次会议记录人。

（2）商讨：在组长的领导下，按顺序讨论画布中要求完成的事项——政策风险、市场风险、财务风险、管理风险，并形成初稿。

（3）审查：提交初稿给讲师审查，审查后内容记入会议记录。

（4）物资：向讲师申领彩笔、制图工具、方形便利贴、画布或 A2 幅面白纸。

（5）分工：由组员自荐或由组长分配完成此画布的校稿、绘图、写字、校对、美化、张贴等各项事务，分工情况要记入会议记录。

（6）绘制：在讲师规定的时间内和组长的统一协调下，按讲师审查后的初稿，按画线、绘图、写字、校对、美化等顺序经团队协作完成画布。

（7）展示：按讲师要求进行画布展示，展示后将画布张贴在墙上。

（8）开会：总结图板任务完成要点及任务过程中团队协作的不足之处，将总结记入会议记录。

3. 画布实训示例

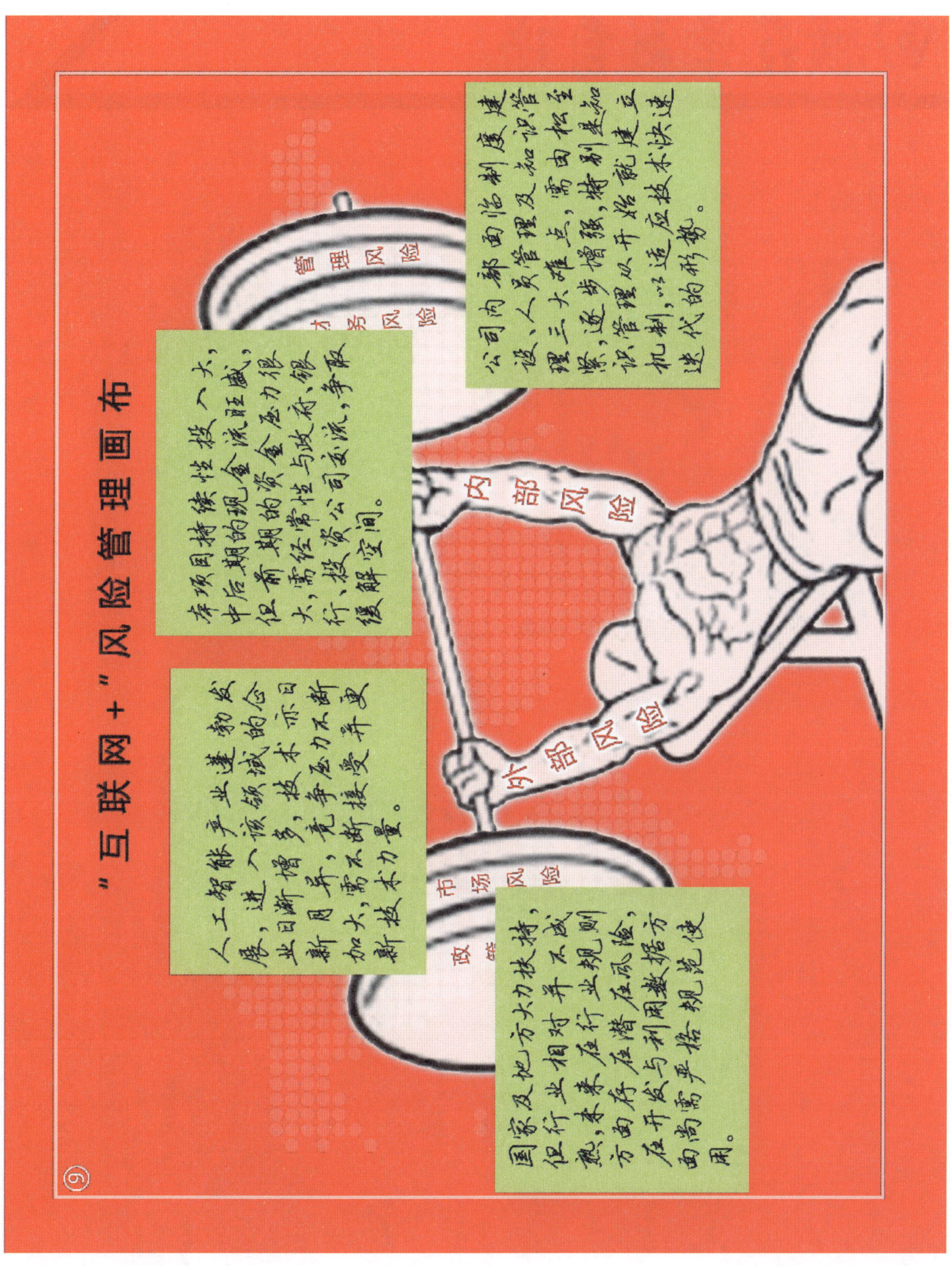
⑨
"互联网+"风险管理画布
人工智能产业蓬勃发展，进入该领域的企业日渐增多，技术亦日新月异，竞争压力不断加大，需不断接受并更新技术力量。
本项目持续性投入大，中后期的现金流旺盛，但前期的资金压力很大，需经常性与政府、银行、投资公司交流，争取缓解空间。
管理风险
市场风险
内部风险
外部风险
国家及地方大力扶持，但行业相对并不成熟，未来在行业规则方面存在潜在风险，在开发与利用数据方面尚需严格规范使用。
公司内部面临制度建设、人员管理及知识管理三大难点，需由松至紧，逐步增强，特别是知识管理从开始就建立机制，以适应技术快速迭代的形势。

第4单元

回顾及学习自评

【知识回顾】

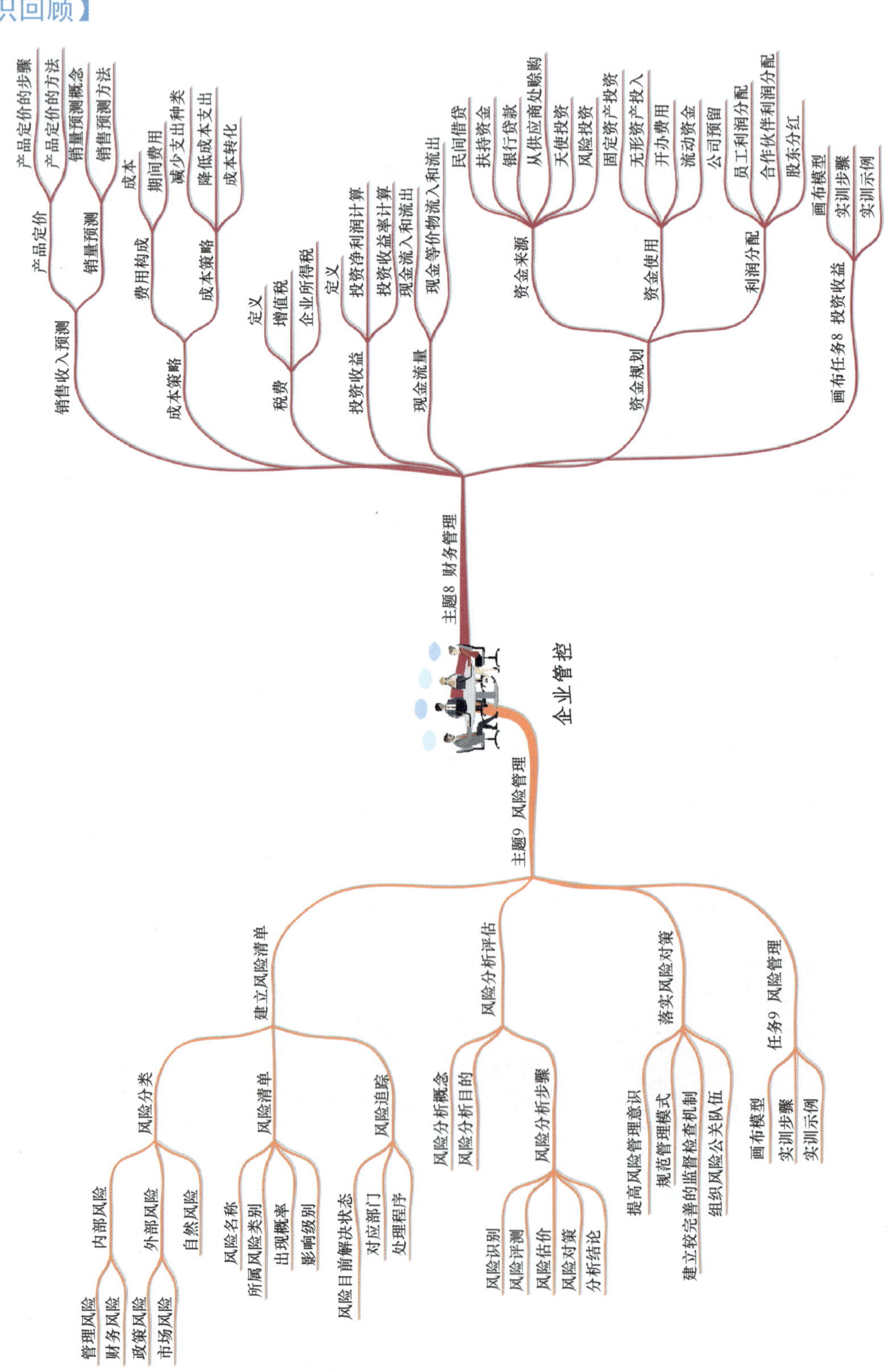

【学习自评】

第5单元 股权融资

随着社会的进步和企业组成形式的多样化，企业的发展也越来越快，对于企业的股权设计和企业融资方式方面的知识需求也越来越大，本单元将比较系统地描述这两个方面的知识。股权设计部分的内容包括股权结构设计、股权激励、股东退出机制等内容，融资规划部分的内容包括融资基本流程、众筹的基本形式、融资误区以及多种融资技巧。

主题 10

股权设计

10.1 创始团队股权结构设计

股权结构，通俗地讲就是指企业有哪些股东，分别占有多少股份，拥有的权利、承担的责任及应享受的利益，这是企业管理的基础。股权结构设计是创业团队组建过程中不可回避的一项事务，股权结构的好坏对未来企业是否能够正常运作有较大的影响。对于股权结构的管理，本书提出以下建议供参考。

- 创始团队核心掌控人的股份占比在 51%~80% 为妥，既要考虑资金占比，同时也要考虑非资金因素占比。
- 为核心员工或未来人才引进的股份占比在 10%~20%，由创始人代持，限定在 4~5 年内根据绩效完成比例逐步释放。
- 全职合伙人工资按正常工资确定，在创业起始的困难期可以由企业先打“白条”，情况好转后逐步兑现；可约定万一创业失败则优先作为债务兑现。
- 非全职合伙人投资直接列入纯财务投资人一类。
- 可预留 10%~20% 用于融资，由创始人代持。
- 有创业顾问的创业企业，一般为顾问预留 5%~10%。
- 对于人数较多的创业团队，为避免频繁去工商变更注册信息，可由创始人代持注册，并签订有效股份代持协议，也可以考虑通过持股平台进行。

10.2 企业股权激励

企业为了能够快速稳定持续地发展，需要通过相应的激励措施留住核心员工，股权激励就是一种较为长期的激励机制。

10.2.1 股权激励形式

股权激励形式主要包括实股、虚拟股、期权和期股四种。

（1）实股

所谓实股，就是实实在在的股份，且在工商部门登记入册的，其权益受法律保护，具备分红与投票的权利。这类股权激励形式与那种通过合同约定的只有分红没有投票的股权是不同的。

（2）虚拟股

虚拟股就是企业通过协议、承诺书或企业制度来实现的给予激励对象的股权。激励对象在业绩达到一定目标后，享有一定的分红与股价升值利益，但无权转让与出售，且其离开企业此股权立即失效。

（3）期权

期权指股票期权，就是企业给予激励对象在固定的时间内按照既定的价格购买企业股票的权利。如后者不想要，公司可以收回期权。

（4）期股

期股与期权有点类似，不同的是期权给予的是购买权利，期股给予的是真实的股票，但所给的股票不是免费赠送，而是需要获得者在规定的期限内用资金或分红来还清后才能够将股票所有权变实。

10.2.2 股权激励架构

股权激励架构通常有两种不同的设计方案可供参考。

（1）直接持股架构

直接持股架构是指员工在企业直接持有股份，如图 5—1 所示，这就意味着企业多出 n 个股东从而丧失了对员工的部分控制权，进而影响整个团队的稳定性。实践证明，很少有企业选择

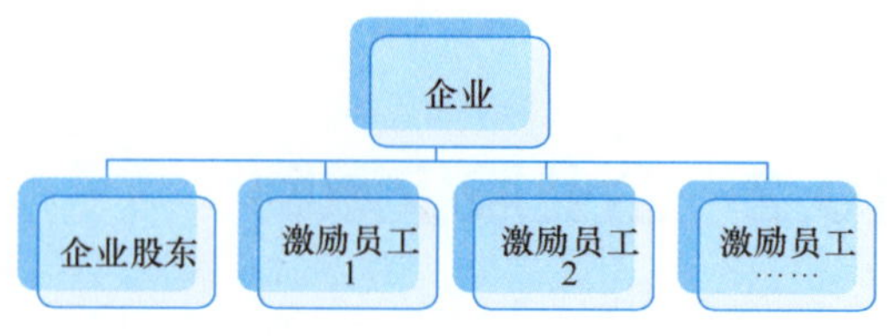

图 5—1 直接持股架构

这种方式。

（2）间接持股架构

间接持股架构是指员工通过持股平台（有限责任公司或有限合伙公司）持有企业股份，原企业股东也可存在于此持股平台，这种方式保证了原企业的稳定性，利于企业的管理，大部分企业都采用这种方式，如图5—2所示。

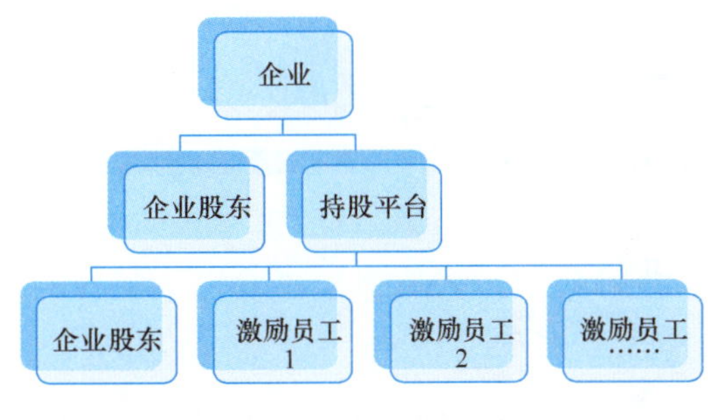

图5—2 间接持股架构

10.3 股东退出机制

在创业的道路上，创业团队中很可能会出现一些人员上的变动，哪怕是核心人员也可能流失。当合伙人退出时，其手中的股权变成了一个影响公司正常运营的不安定因素，怎么处理才能解决这一不安定因素呢？做好以下三点很重要。

（1）事先制定退出机制

凡事说在先，亲兄弟明算账，夫妻也要清晰。只有在创业之初就制定好相关退出机制，无论合伙人在哪一阶段退出都能有相应的股权解决办法，才可以避免出现影响公司的负面因素。

（2）明确股权回购方式

股权回购一般要明确约定首先在股东内部进行，具体价格可参考当时公司发展状况进行估值，可溢价也可折低，当然最重要的还是在于事先的约定情况。

（3）设定较高违约金

有些合伙人虽然离开，但仍然不想出让股权，为避免此类情况发生，在签订股东协议时不妨拟定相关条款，明确规定此种情况需支付较高的违约金。

实训画布任务 10

股权结构

1. 画布模型

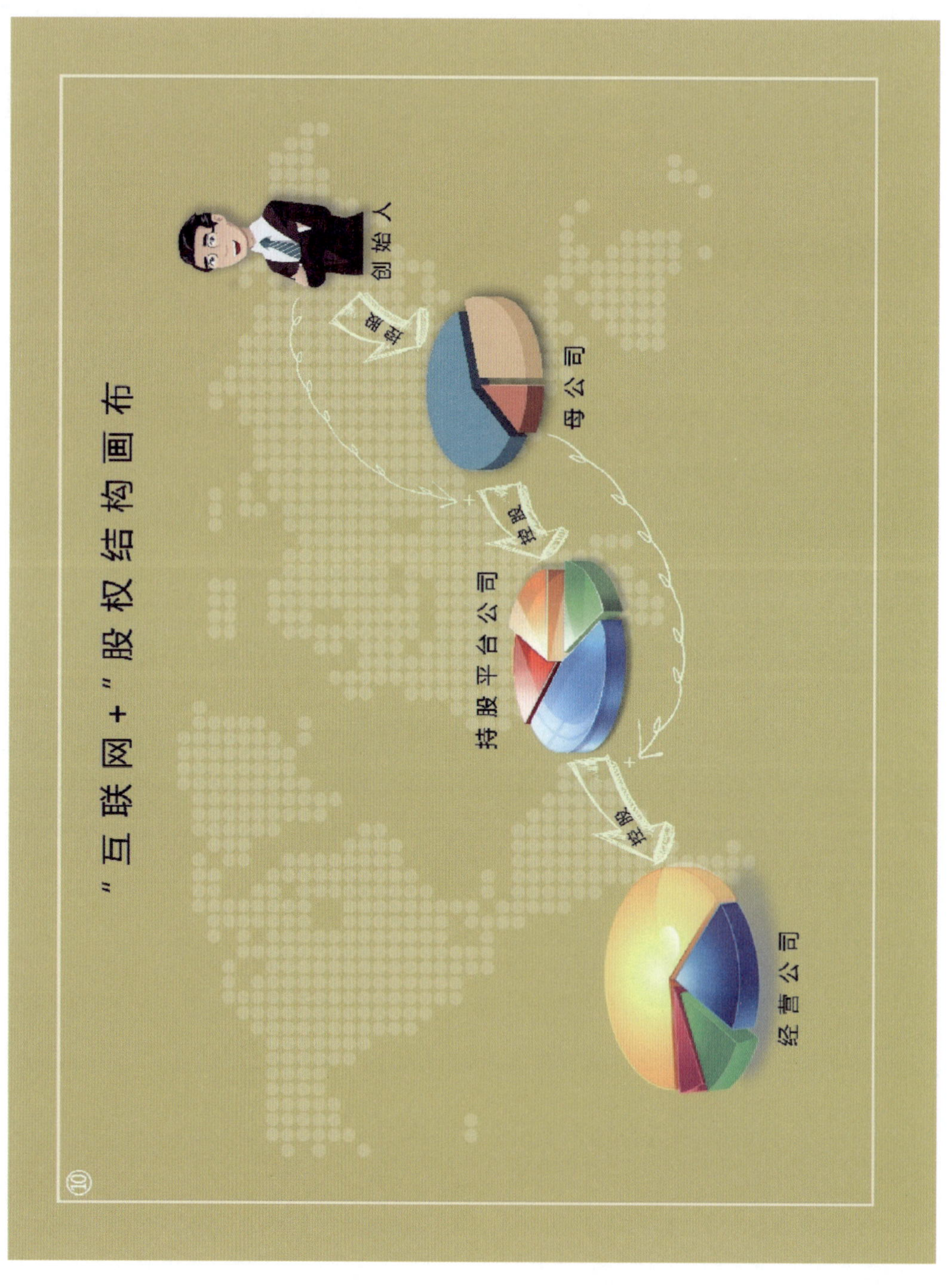

2. 画布实训步骤

（1）开会：由组长召集组员开会，并指定本次会议记录人。

（2）商讨：在组长的领导下，按顺序讨论画布中要求完成的事项——按上图示意的三家公司或只有一家独立经营公司进行股权组成结构设计，制定相应激励机制、退出机制，并形成初稿。

（3）审查：提交初稿给讲师审查，审查后内容记入会议记录。

（4）物资：向讲师申领彩笔、制图工具、方形便利贴、画布或 A2 幅面白纸。

（5）分工：由组员自荐或由组长分配完成此画布的校稿、绘图、写字、校对、美化、张贴等各项事务，分工情况要记入会议记录。

（6）绘制：在讲师规定的时间内和组长的统一协调下，按讲师审查后的初稿，按画线、绘图、写字、校对、美化等顺序经团队协作完成画布。

（7）展示：按讲师要求进行画布展示，展示后将画布张贴在墙面上。

（8）开会：总结图板任务完成要点及任务过程中团队协作的不足之处，将总结记入会议记录。

3. 画布实训示例

"互联网+"股权结构画布
创始人
赵一
母公司
总股本100万元
赵一:51%
钱二(财务):20%
周五(技术):29%
持股平台公司
总股本100万元
母公司41%
赵一:10%
孙三(人事):8%
李四(市场):8%
吴六(售后):8%
股权池:25%
经营公司
总股本200万元
母公司59万元占29.5%
持股平台100万元占50%
赵一41万元占20.5%
⑩

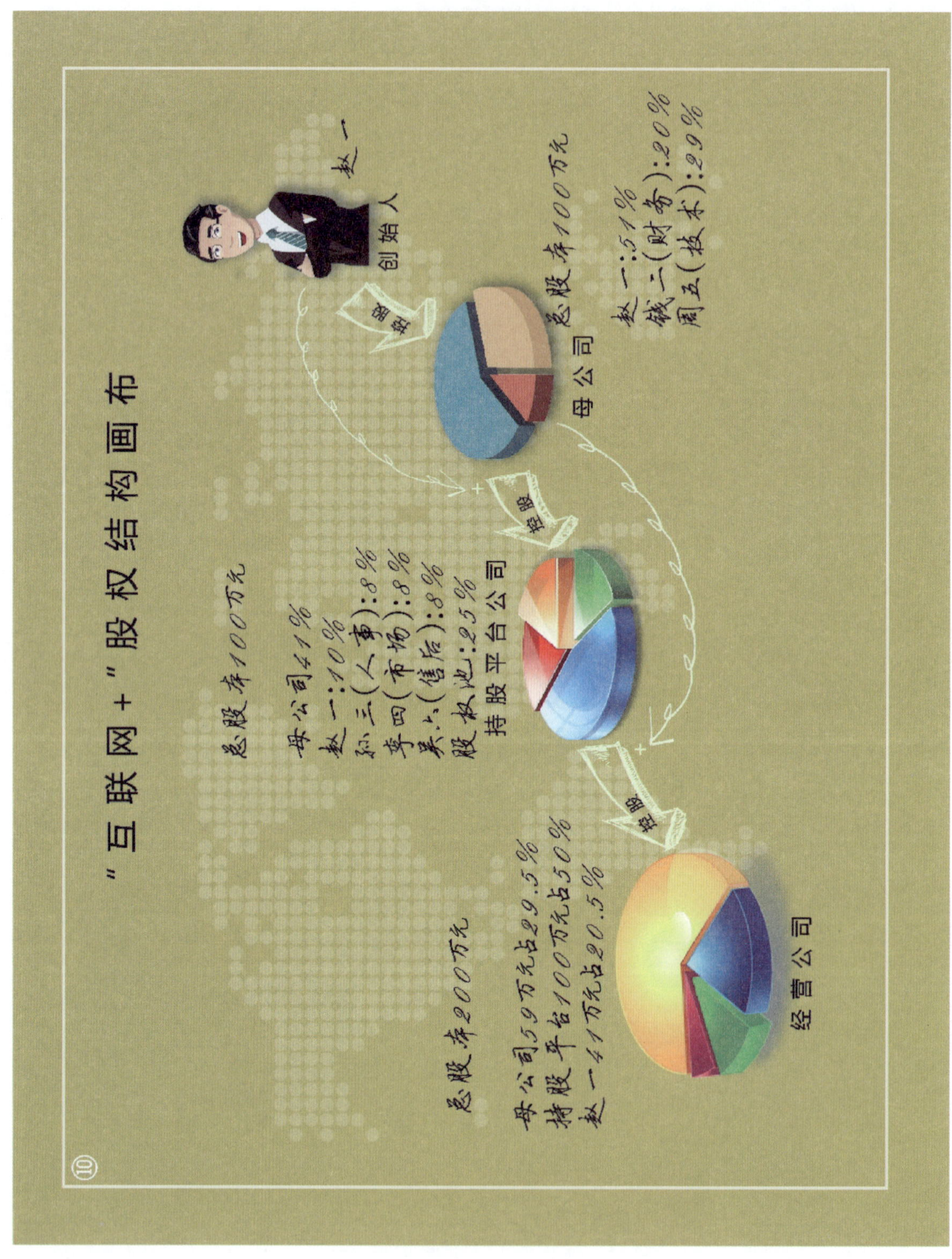

主题 11

融资规划

融资是企业资金筹集的行为和过程，是创业者为了通过不同渠道，采用不同方式筹集资金，以建立企业、扩大企业或偿还债务的过程。

11.1 融资的基本流程

（1）发布融资计划

整理撰写融资计划书，通过一定的渠道发布出去，向投资人、投资机构或债权人发起融资邀约。

（2）投资者审核与评估计划

针对企业的融资计划书，投资者对所涉信息进行详细了解与评估，并对项目的风险预估及收益期望进行综合考量，最终确定是否要对该项目进行投资。

（3）签订融资协议

在双方确定了资金融投意向后需要签订一份合作协议。注明资金数量、到位日期、所占股份、退出机制等信息，并经详细商讨、核查，确认无歧义、无漏洞后签约并执行。

（4）投资方注入资金

协议签订后，投资方按协议向融资方注入资金。至此，融资流程结束。

11.2 融资的渠道选择

企业的融资分为股权性质的融资与债权性质的融资，其主要渠道有下面几种，即金融机构、非金融机构及其他企业、投资机构、企业内部员工或其他个人、向社会发行债券和股票、网络众筹等。不同的筹资渠道，其所承担的税负也不一样。

对于创业者而言，一般情况下承担不了借款利息，大部分会选择股权性质的融资，而绝大部分创业者没有什么社会资源且项目的质量不高，这种情况下就需要优先选择门槛低、非债权性的融资方式，网络众筹无疑就是一个最佳选择。

网络众筹的方式主要有三种。

（1）基于销售的众筹融资

很多新项目或新产品在只有创意或产品模型的时候，就被发布在众筹平台上，采取预销售的办法来解决启动资金问题。淘宝众筹平台上的项目或产品大多属于这种情况。

这种方式通常会应用在创新项目创新产品的融资上，一定程度上可以带来传统市场调研和市场需求分析所发挥的效果，同时购买者也获得了相应的折扣优惠，最重要的是解决了项目启动资金的问题。

（2）基于债权的众筹融资

简单地说，企业或个人在众筹平台上向出资人借钱并承诺给予出资人一定的利益回报，出资人根据所发布项目的优势与未来的发展决定是否出资。

在这种情况下，众筹平台起着比较重要的作用，承担着一定的监督、信用背书及部分还款责任。

（3）基于股权的众筹融资

基于股权的众筹融资是指企业通过出让一定比例的股份给大众投资者以达到筹集资金的目的。初创的中小微企业通常采用股权众筹的方式融资。

11.3 创业融资误区

（1）与经营理念不合的投资人合作

投资人要的是利益、分红，融资者要的是对方的资金与其他方面的帮助。在没有对除金钱之外的事情达成共识的情况下，不要轻易接受对方投资，否则后期会因为经营上的分歧导致双方矛盾激化。作为经营者，一定要寻找志同道合、能够给予自由空间且遵守规则的投资人，必须坚守自己的经营理念不放松。

（2）与条件严苛的投资人合作

一般情况下，创业者为了成功融资，在急迫心理的影响之下，很容易接受比较严苛的投资协议，甚至与投资人对赌，接受投资人一些无理的要求。这无异于与虎谋皮，使创业者无法正常地按照自己的战略规划与节奏去经营项目、开拓市场，严重的甚至会导致整个项目的失败。

（3）股权稀释比例太高

正常情况下，并不建议初创公司过早地介入融资或是融资过多，要按公司既定目标有序稳步地发展。

一般而言，一开始适宜找天使投资，规模放在百万级即可；当管理走上正轨、业务稳健、销售猛升时，可以寻求风投融资，规模也可在千万级以上；待经过迅猛发展具备一定规模后，可以寻求多种融资渠道，规模也可更进一步，甚至达亿元数量级。

如果一开始融资就过多，而开始时公司的估值又不太高，就将毫无悬念地导致股权严重稀释，从而产生公司控制权的转移，甚至最终失去公司的控制权。一般情况下第一次融资出让的股权建议为 10%~20%。

（4）融资成功后与投资人缺乏沟通

很多的创业者在辛辛苦苦融到资后很长时间内不知道怎么使用资金，这时候就非常需要获得拥有丰富经验与创业资源的投资人的建议和帮助，使筹集到的资金得以高效使用，同时获得投资人好感甚至追加投资。如果与投资人缺乏沟通，就会受到投资人的猜疑，甚至引发争执，影响公司发展。

11.4 融资要点

融资千难万难，但也并不是无法解决，下面系统介绍融资前后的要点供创业者参考。

（1）关于创始人

自信、有人格魅力和良好沟通能力的创始人对于投资人来说特别重要，某种程度上来说，天使投资人对创始人关注度非常高，他必须能够相信创始人具有带领团队的能力和经营规划的能力，否则一切都是空谈。

人无信不立，诚信融资、诚信经营在当今这个社会显得尤为稀缺，所以在交易往来中表现出创始人的信用能力也是相当必要的。

（2）关于产品

一个好产品要具有独特的创意，符合各行业发展大趋势，有广阔市场前景且营销成本相对较低的特点，这样的产品比较受投资人的青睐。同时创业者要能够用最简短的语言向投资人描述清楚，让投资人认识到产品的特点和价值。

（3）关于模式

许多投资者相信“一个好的商业模式等于成功了一半”。不管有没有夸张的成分，至少这说明对于一个创业企业来说模式是多么的重要。所以创业者能不能在两三分钟内用清晰准确的语言把商业模式解说清楚，这是融资是否成功的一个关键性因素。

（4）关于团队

稳定、功能互补、有向心力、有灵魂人物的团队是投资人比较喜欢的，所以让自己的创始团队看起来多元化而不是靠某个人单打独斗显得尤为重要。

（5）关于计划

一份简洁、清晰、诚实、可靠的融资计划书代表着一个团队的品格与风范，其可行性分析、经营规划、核心能力、项目效益等对于争取的融资额度有着重要的作用。

（6）关于时机

企业融资应该选择相对比较恰当的时机，因为融资的目的无非几种情况：一是为启动，二是为扩大，三是为还债。所以对于时机的把握显得相当重要。早了用不上，迟了没作用。

（7）关于信用背书

是否能够顺利融资成功还有一个不容忽视的问题，就是信用背书问题，意思就是有哪位投资人推荐过、有哪地政府扶持过，在哪里参赛获得过什么奖项，等等。打个比方，如果某个项目得到过某知名企业家的投资或赞赏，那么这个项目的融资可能就会相对容易一些。

实训画布任务 11

融资规划

1. 画布模型

2. 画布实训步骤

（1）开会：由组长召集组员开会，并指定本次会议记录人。

（2）商讨：在组长的领导下，按股权结构画布所设计的股权结构计算相应创始人所占股比、设定合理融资比例，并形成初稿。

（3）审查：提交初稿给讲师审查，审查后内容记入会议记录。

（4）物资：向讲师申领彩笔、制图工具、方形便利贴、画布或 A2 幅面白纸。

（5）分工：由组员自荐或由组长分配完成此画布的校稿、绘图、写字、校对、美化、张贴等各项事务，分工情况要记入会议记录。

（6）绘制：在讲师规定的时间内和组长的统一协调下，按讲师审查后的初稿，按画线、绘图、写字、校对、美化等顺序经团队协作完成画布。

（7）展示：按讲师现场具体要求进行画布展示，展示后将画布张贴在墙面上。

（8）开会：总结图板任务完成要点及任务过程中团队协作的不足之处，将总结记入会议记录。

3. 画布实训示例

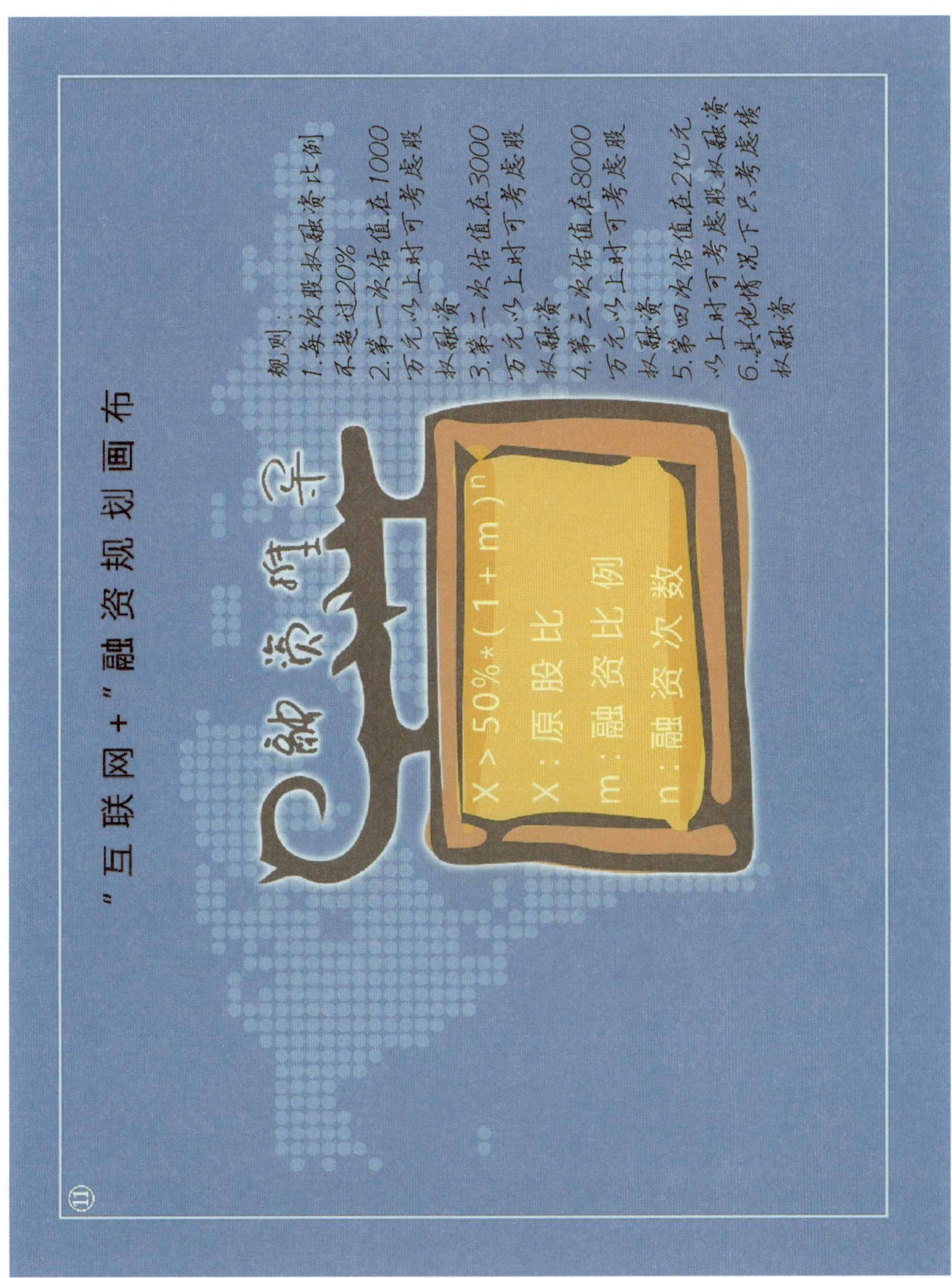
"互联网+"融资规划画布
X > 50%*(1+m)^n
X：原股比
m：融资比例
n：融资次数
规则：
1.每次股权融资比例不超过20%
2.第一次估值在1000万元以上时可考虑股权融资
3.第二次估值在3000万元以上时可考虑股权融资
4.第三次估值在8000万元以上时可考虑股权融资
5.第四次估值在2亿元以上时可考虑股权融资
6.其他情况下只考虑债权融资
⑪

第5单元 回顾及学习自评

【知识回顾】

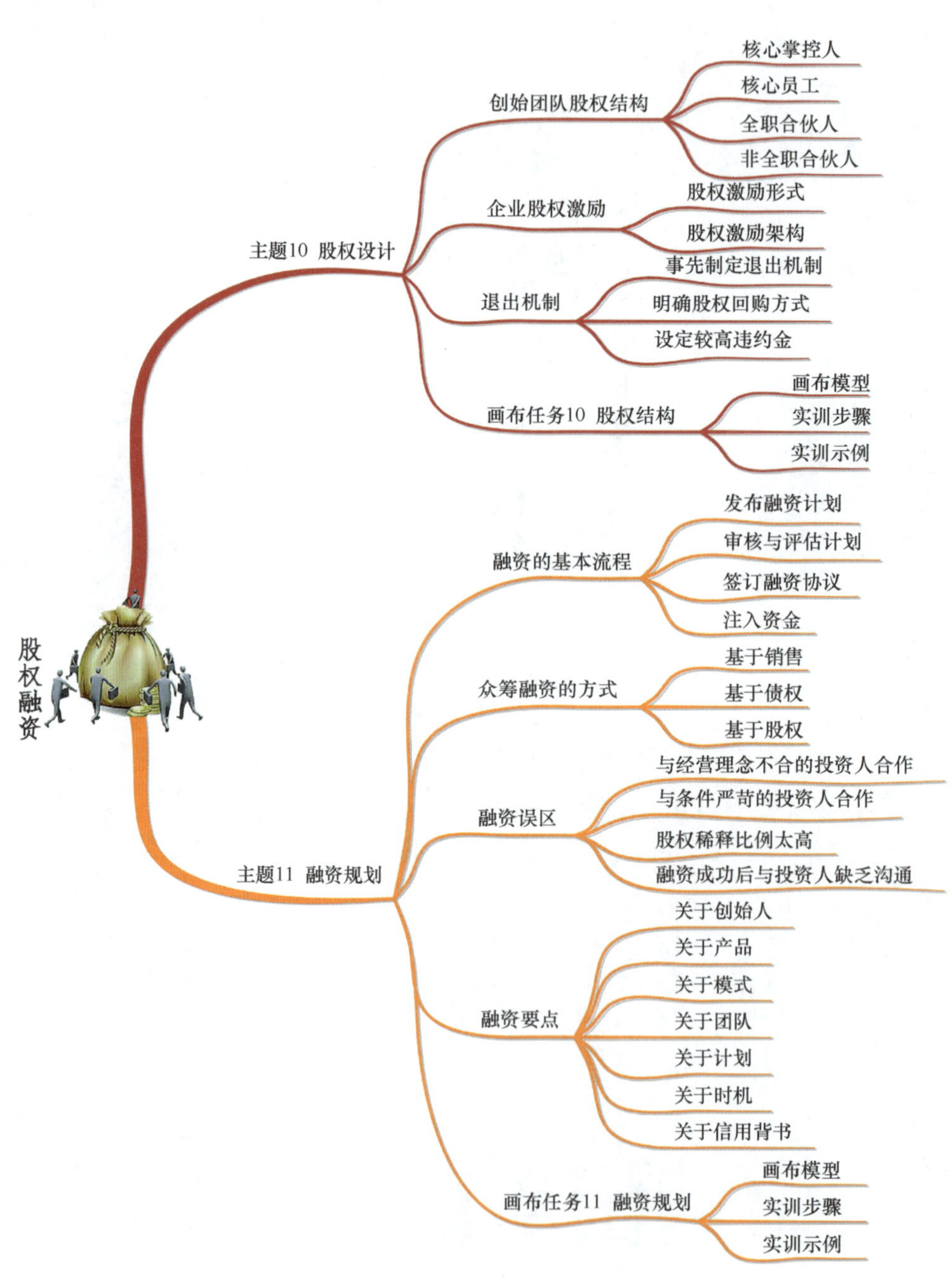

【学习自评】

第6单元 创业计划

谋定而后动，无计划不成行。在学习了前面五个单元的内容，系统掌握从一个初步创意到最终的创业项目成型的过程及内容后，在本单元中你可以运用前面学到的知识按照固有的结构设计创业画布、撰写完整的计划书并进行创业计划书路演。

主题 12

创业画布

创业画布是创业企业的战略规划蓝图，是企业商业模式和整体运作模式的直观表达，它表达了企业创造价值、传递价值、获取价值的基本原理，简单地讲就是企业创造收入的基本运营逻辑。它涵盖了基础建设、核心建设、客户建设、能力建设、财务建设 5 个方面共 14 个细项，如图 6—1 所示。

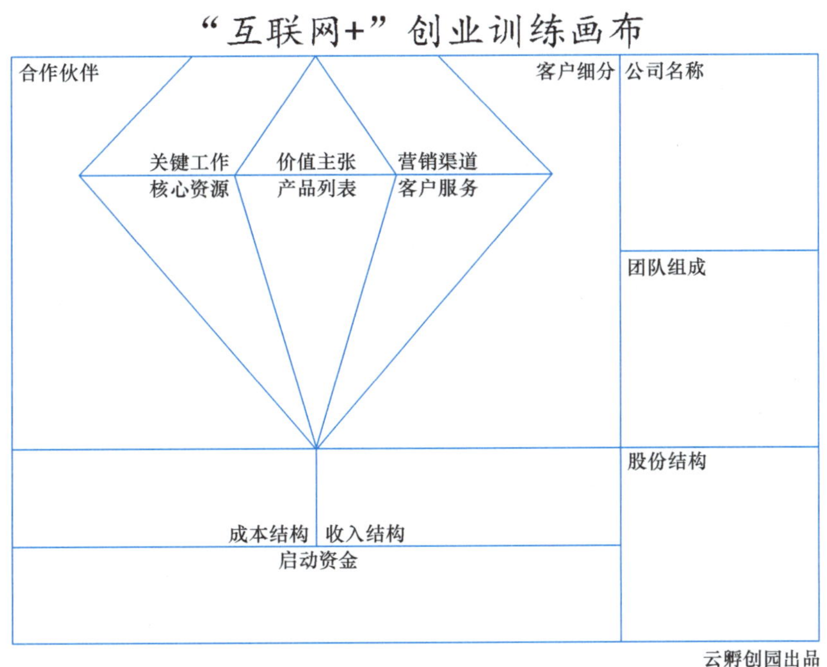

图 6—1 创业画布

12.1 基础建设

(1) 公司名称

公司名一般由地域、字号、行业、法律形态四个部分组成，如"湖南云孵创园创业服务有限公司"，其中湖南为地域、云孵创园为字号、创业服务为所在行业、有限公司为法律形态。特别要注意的是字号要鲜明有特点。

（2）团队组成

团队组成部分要明确两件事，一是公司的组织结构，二是公司的核心团队成员。参照"企业创立画布"。

（3）股份结构

明确说明公司的股份构成，包括所使用参股平台情况。参照"股权结构画布"与"融资规划画布"。

12.2 核心建设

（1）价值主张

具体说明解决客户什么困难、满足了客户什么需求。参照"项目创意画布"。

（2）产品列表

列出本企业的产品矩阵，标明核心产品，并简要说明产品迭代思路。参照"产品矩阵画布"。

12.3 客户建设

（1）客户细分

列出企业的客户列表，标明核心客户组成，并对影响者、支付者、决策者、破坏者进行相应说明。参照"项目创意画布"。

（2）营销渠道

对企业的营销流程、广告渠道、销售渠道进行相应说明，并标明核心销售渠道。参照"营销流程画布"。

（3）客户服务

说明用户数据建设情况，并逐一说明产品服务、客户服务、社群服务的举措。参照“社群建设画布”。

12.4 能力建设

（1）关键工作

列举企业经营过程中的关键性工作并说明，包括但不限于产品迭代、核心客户维护、核心渠道建设、核心资源维护等。

（2）核心资源

列举企业所拥有的核心资源并说明，如核心技术、知识产权、人力资源、实物资源、资金资源或其他资源等。

（3）合作伙伴

列举企业中重要的合作方资源。参照“盈利模式画布”。

12.5 财务建设

（1）成本结构

列举企业经营过程中的直接成本清单、间接成本清单、管理费用清单、财务费用清单、销售费用清单。参照“投资收益画布”。

（2）收入结构

列举企业经营过程中的主营业务收入清单及相应产品价格、非主营业务收入清单、补贴性收入清单、营业外收入清单、投资性收入清单。参照“投资收益画布”。

（3）启动资金

标明创业启动资金总额，并说明此投入资金分别来自哪里。参照“投资收益画布”。

实训画布任务 12

创业画布

1. 画布模型

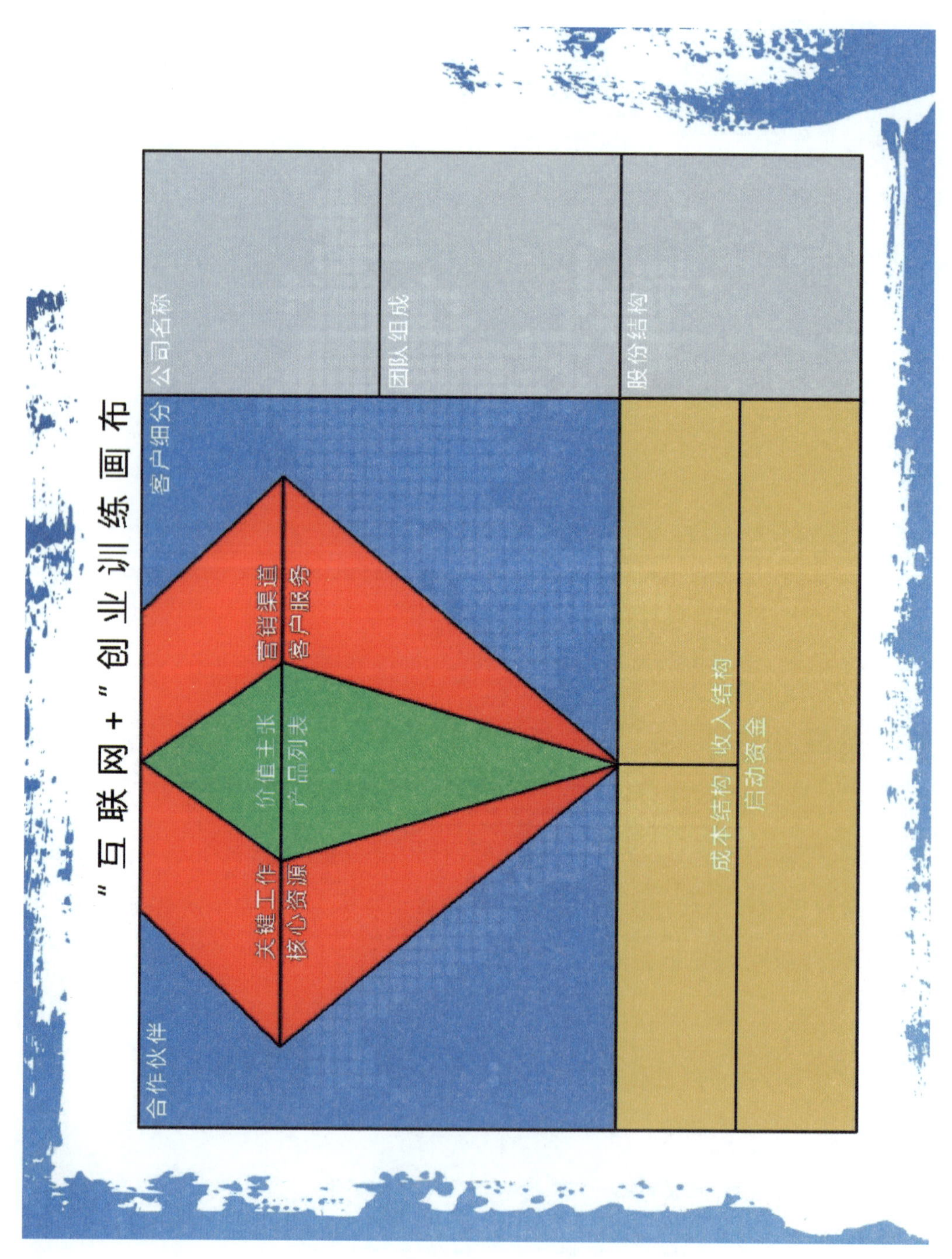

2. 画布实训步骤

（1）开会：由组长召集组员开会，并指定本次会议记录人。

（2）商讨：在组长的领导下，按顺序讨论画布中要求完成的事项——公司名称、团队组成、股份结构、产品、模式、客户细分、营销渠道、客户服务、关键工作、核心资源、合作伙伴、成本结构、收入结构、启动资金，并形成初稿。注意大部分内容在之前的各专项画布中已有，此处引用时需进行各项之间的融合匹配，以保持整体工作的统一性、合理性。

（3）审查：提交初稿给讲师审查，审查后内容记入会议记录。

（4）物资：向讲师申领彩笔、制图工具、方形便利贴、画布或 A2 幅面白纸。

（5）分工：由组员自荐或由组长分配完成此画布的校稿、绘图、写字、校对、美化、张贴等各项事务，分工情况要记入会议记录。

（6）绘制：在讲师规定的时间内和组长的统一协调下，按讲师审查后的初稿，按画线、绘图、写字、校对、美化等顺序经团队协作完成画布。

（7）展示：按讲师要求进行画布展示，展示后将画布张贴在墙面上。

（8）开会：总结图板任务完成要点及任务过程中团队协作的不足之处，将总结记入会议记录。

3. 画布实训示例

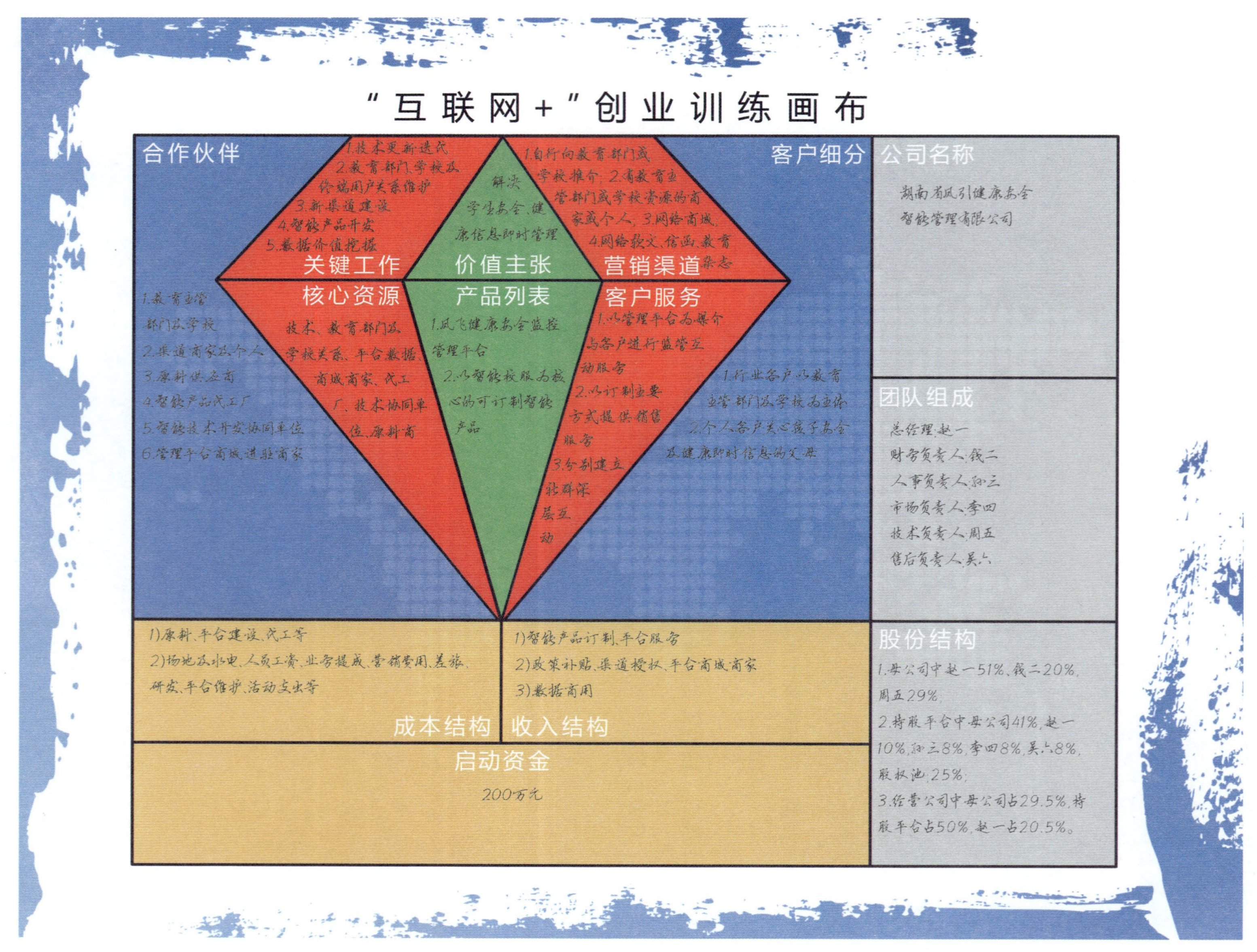
"互联网+"创业训练画布
合作伙伴
1.教育主管部门及学校
2.渠道商家及个人
3.原料供应商
4.智能产品代工厂
5.智能技术开发协同单位
6.管理平台商城进驻商家
关键工作
1.技术更新迭代
2.教育部门、学校及终端用户关系维护
3.新渠道建设
4.智能产品开发
5.数据价值挖掘
价值主张
解决学生安全、健康信息即时管理
营销渠道
1.自行向教育部门或学校推介；2.省教育主管部门或学校资源的商家或个人；3.网络商城；4.网络软文、信函、教育杂志
核心资源
技术、教育部门及学校关系、平台数据、商城商家、代工厂、技术协同单位、原料商
产品列表
1.凤飞健康安全监控管理平台
2.以智能校服为核心的可订制智能产品
客户服务
1.以管理平台为媒介与客户进行互动服务
2.以订制需要方式提供销售服务
3.分别建立社群深层互动
客户细分
1.行业客户以教育主管部门及学校为主体
2.个人客户关心孩子安全及健康即时信息的父母
公司名称
湖南省凤引健康安全智能管理有限公司
团队组成
总经理：赵一
财务负责人：钱二
人事负责人：孙三
市场负责人：李四
技术负责人：周五
售后负责人：吴六
股份结构
1.母公司中赵一51%、钱二20%、周五29%；
2.持股平台中母公司41%，赵一10%，孙三8%，李四8%，吴六8%，股权池25%；
3.经营公司中母公司占29.5%，持股平台占50%，赵一占20.5%。
1)原料、平台建设、代工等
2)场地及水电、人员工资、业务提成、营销费用、差旅、研发、平台维护、活动支出等
成本结构
1)智能产品订制、平台服务
2)政策补贴、渠道授权、平台商城商家
3)数据商用
收入结构
启动资金
200万元

主题 13

创业计划书

13.1 创业计划书构成

“互联网 +”创业模拟实训计划书由以下十项内容及创业计划书评估表组成：

（1）项目摘要，含公司概况、发展目标。

（2）市场定位，含目标客户、主营业务运营思路。

（3）产品策略，含产品定位、产品矩阵规划、产品定价。

（4）盈利模式，含业务系统、互联网平台构建、盈利来源。

（5）人员与组织结构，含组织结构、团队成员、部门/岗位职责。

（6）营销策略，含宣传推广、销售渠道、O2O 互联网营销流程设计。

（7）客户服务，含产品服务、客户服务、社群建设。

（8）财务分析，含固定资产投入、月流动资产投入、月均费用预算、启动资金需求、启动资金来源、月均利润预测、年利润预测。

（9）股权设计及融资计划，含股权结构、融资计划、退出机制。

（10）风险分析与对策。

13.2 创业计划书路演

路演（Roadshow）是指在公共场所进行演说、演示产品、推介理念，及向他人推广自己的公司、团体、产品、想法的一种方式。创业计划书路演是目前创业比赛、创业融资、创业推介的主要方式，同时也是深入理解、掌控自己创业项目的重要手段。

说不清的计划永远干不好。如何才能在规定时间内系统、有条理地说明白自己的项目并能引起共鸣呢？根据以往所见过的 8 分钟优秀路演共性流程总结如下。

（1）风采展示（0.5 分钟）

团队核心成员上场鞠躬问好，齐声诵读企业口号（以 12 字以内朗朗上口为佳）及企业名称。

（2）介绍人员（0.5 分钟）

介绍核心团队成员，言简意赅。

（3）介绍项目（3 ~ 3.5 分钟）

按顺序介绍企业主营项目、核心产品及创新之处、客户构成、企业盈利模式及利润来源、销售模式及销售情况、资金情况、投资收益情况。

此部分需要理性和客观表达，忌用自夸类语气或措辞，应辅以精确的数据、实物、实景图片、线框图示等。

（4）介绍企业（2.5 ~ 3 分钟）

按顺序介绍企业特点与优势、企业的核心资源与能力、企业核心部门及相应负责人情况、风险管控情况。

此部分可略感性表达，辅以图片、视频、线框图示、文件扫描件等。

（5）介绍愿景（1 分钟）

按顺序介绍企业愿景、员工利益、股东利益及社会效益，最后要致谢来宾。

此部分表达要激情高亢，语速加快，手势上扬，辅以图片、音乐、图示等。

路演全程忌念稿、读 PPT、冷脸、无手势。

第6单元

回顾及学习自评

【知识回顾】

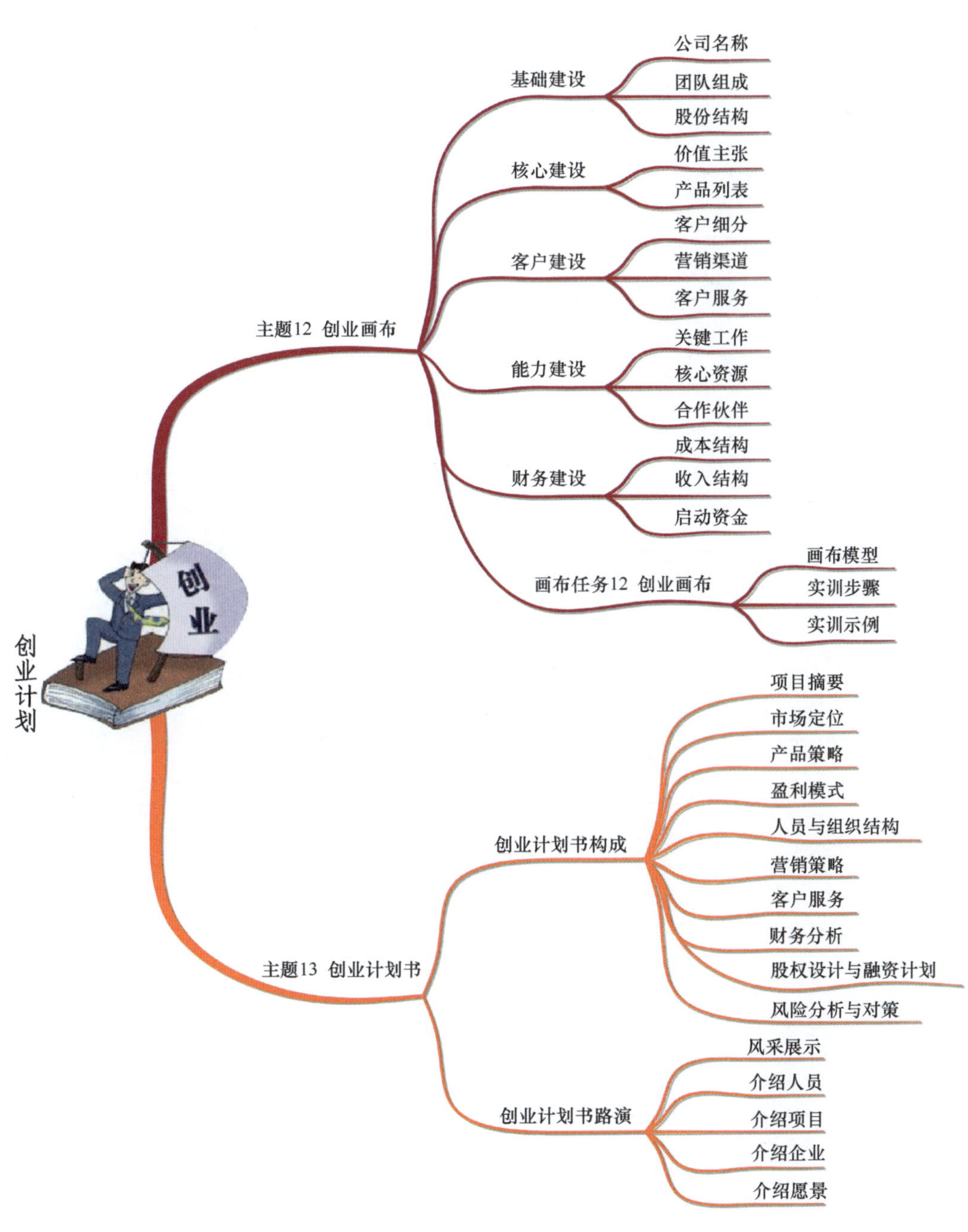

【学习自评】